Giulia Castelli Gattinara

111 Orte in Mailand, die man gesehen haben muss

Mit Fotografien von Mario Verin

111

emons:

Bibliografische Information der Deutschen Nationalbibliothek
Die Deutsche Nationalbibliothek verzeichnet diese Publikation in der Deutschen Nationalbibliografie; detaillierte bibliografische Daten sind im Internet über http://dnb.d-nb.de abrufbar.

Gestaltung: Eva Kraskes, nach einem Konzept
von Lübbeke | Naumann | Thoben
Kartografie: altancicek.design, www.altancicek.de
Kartenbasisinformationen aus Openstreetmap,
© OpenStreetMap-Mitwirkende, ODbL
Übersetzung aus dem Italienischen: Rosalie Hampp
Lektorat: Monika Elisa Schurr
Druck und Bindung: Grafisches Centrum Cuno, Calbe
Printed in Germany 2015
ISBN 978-3-95451-617-9
Originalausgabe

Vorwort

Ehrgeizig, modisch, kreativ, pulsierend – das ist Mailand. Tagsüber wird wie verrückt gearbeitet, am Abend stürzt man sich ins Vergnügen: bei einem Aperitif in Brera, dem angesagten Künstlerviertel, bevor man zum Essen an den Navigli einkehrt. Mailand ist mal versnobt und mal traditionell, dann plötzlich wieder ganz anders als erwartet. Man trifft sich im Abendkleid zur Premiere an der Scala, ist aber humorvoll genug, verstörende und respektlose Kunst direkt vor dem Gebäude der Börse zu platzieren.

Italiens Finanzhauptstadt ist kultiviert, elegant, exklusiv. Sie gibt ihr Bestes, wenn sie wieder zum internationalen Schaufenster von Mode und Design wird. Die Skyline hat sich innerhalb weniger Jahre komplett verändert – sei es durch einen »vertikalen Wald« auf 26 Etagen, sei es durch eine Madonnenfigur des Duomos auf einem Wolkenkratzer. Überraschend und bizarr ist die Stadt, wie die Fassaden der Häuser, hinter denen man plötzlich Flamingos in Hinterhöfen entdeckt. Oder eine ehemalige Flugzeughalle, in der es nun zeitgenössische Kunst zu bestaunen gibt. Mal sucht man das ländliche Leben, dann trinkt man wieder Campari in der Galerie.

Mailand ist nie langweilig. Manchmal genügt nur ein Blick, um etwas zu entdecken. Die Geheimnisse bleiben aber verborgen wie in einem Banktresor. Die Stadt offenbart sich nicht gern, sie will Schritt für Schritt entdeckt werden. Kommen Sie mit zu 111 Orten, die Sie staunen lassen.

111 Orte

1 Der 39. Stock

Im Schatten der Madonnina

Die Arbeiten der Veneranda Fabbrica del Duomo begannen im 14. Jahrhundert und wurden erst 1774 abgeschlossen, als auf die Spitze der höchsten Fiale eine vergoldete Marienfigur gestellt wurde. Sofort galt sie als Wahrzeichen der Stadt. Seither pflegen die Mailänder eine besondere Verehrung der »Madonnina« gegenüber. Man vereinbarte, dass kein Gebäude höher als der Dom sein durfte. Dies wurde in einem in den 1930er Jahren erlassenen Gesetz sogar schwarz auf weiß verankert. Eine nicht zu unterschätzende Auflage, die den Torre Branca 1933 und den Torre Velasca 1958 daran hinderte, über die schicksalsschweren 108,5 Meter hinauszuwachsen.

Erst 1960 gelang es, den Erlass wieder abzuschaffen, dank der unaufhaltsamen Entwicklung der modernen Architektur und einem listigen Trick. Giò Ponti hatte für Pirelli einen 127 Meter hohen Wolkenkratzer geplant, der hier als »Pirellone« bekannt ist und der damals sogar versprach, das höchste moderne Gebäude Europas zu werden. Um die Madonnina nicht zu beleidigen, wurde eine Kopie auf der Terrasse des Hochhauses aufgestellt: Das Wahrzeichen war gerettet. Erst kürzlich wurde eine dritte Madonnina im 43. Stock des Palazzo Lombardia aufgestellt, ein Wolkenkratzer von 161 Metern Höhe, der in der Nähe der Porta Nuova steht, dem mittlerweile durch futuristische Bauten geprägten Viertel. Der ganze Aufwand nur, um nicht mit der Mailändischen Redewendung zu brechen, alles passiere »im Schatten der Madonnina«.

Vom 39. Stock aus genießt man einen spektakulären 360-Grad-Rundblick über die Stadt. Mit Fernglas können Sie auch die Madonnina Nummer 2 auf dem Dach des alten Pirellone sehen. Genau genommen gibt es inzwischen 15 Madonnine. Eine befindet sich zwischen den Sozialbauten der Via Bona 2. Irgendjemand hat eine ins Himalaya gebracht, auf das Dach der Welt, und eine steht in Jerusalem auf dem Dach der Hebräischen Universität. Rekord garantiert.

Adresse Eingang des Informationspunktes NIP, Piazza Città di Lombardia (Ecke Via Francesco Restelli), 20121 Mailand, Tel. +39267651 | **ÖPNV** M 2 Grün, Haltestelle Gioia; M 5 Lila, Haltestelle Isola; Bus 43, 60, Haltestelle Gioia/Galvani | **Öffnungszeiten** So 10–18 Uhr | **Tipp** In der Via Melchiore Gioia 35 unter dem Wolkenkratzer befindet sich das neue Lokal Milano Bakery mit einem internationalen Koch und Meister der italienischen Konditorei. Eine Besonderheit sind die vertikalen Gärten im Innern (Mo–Sa 7–24 Uhr, So 7–18.30 Uhr).

2 Die 770

Das Haus des Rabbiners

Nein, um eine Zahl aus der Kabbala handelt es sich nicht, auch wenn die Atmosphäre, die das Haus verströmt, Mystisches vermuten lässt. Die Geschichte dazu beginnt in einem im flämischen Stil erbauten Haus in Brooklyn, New York City, Eastern Parkway 770. Also sehr weit weg. Bekanntlich sind die Amerikaner in ästhetischen Dingen ein fröhlich unbefangenes Volk von nicht nur klammheimlicher Sehnsucht nach dem Abglanz alter Geschichte; daher picken sie sich hier und da jene Stile des alten Europa heraus, die ihnen am meisten zusagen. Mit dem überladenen »flämischen Barock« neuerer Zeit hat dieses Haus jedoch nichts gemein.

Hier geht es um echte Historie. Ursprünglich kam die jüdisch-orthodoxe Familie Lubavitcher aus Weißrussland und war unfreiwillig in die Vereinigten Staaten emigriert. Nachdem der Rabbiner Joseph Isaac Schneerson 1940 dazu gezwungen gewesen war, vor der Verfolgung durch die Nazis zu fliehen, diente ihm diese traditionell europäische Behausung ohne eklektischen Kitsch-Faktor als Zufluchtsstätte und neues Heim.

Mit der Zeit wandelte sich seine Heimstatt zur Synagoge und wurde damit zur Anlaufstelle der chassidischen Gemeinde, Symbol der Freundschaft und Ort der Begegnung. Auch die Zahl 770 machte Karriere: Die vermögenden Lubavitchers entschlossen sich, weitere Häuser mit der gleichen Hausnummer in anderen Städten der Welt zu erbauen: Mit ihren drei roten Ziegelsteintürmchen samt Spitzgiebel über dem Haupteingang, dem kleinen Balkon mit Baldachin und der marmorverzierten Fassade unter den Fenstern im Erdgeschoss sind sie Nachbildungen des Hauses in Brooklyn. Gerade einmal zwölf davon gibt es auf der Welt, manche mit großem Garten wie in Montreal oder Melbourne. Das in São Paulo etwa steht zwischen modernen Häusern. Natürlich gibt es auch eines in Jerusalem, doch das einzige in Europa bleibt jenes in Mailand, das bis heute als Synagoge fungiert. Mystisch also durchaus.

Adresse Via Carlo Poerio 35, 20129 Mailand | ÖPNV M 1 Rot, Haltestelle Porta Venezia; Tram 23, Haltestelle Bixio | Tipp Neben dem Haus 770 befindet sich ein Schild, das auf das Wohnhaus der evangelischen Familie Rollier hinweist, in dem am 27. August 1943 das Gründertreffen der Bewegung der Europäischen Föderalisten stattfand. Anwesend waren zahlreiche Antifaschisten, Kommilitonen von Mario Rollier; unter ihnen Franco Venturi, Altiero Spinelli, Ernesto Rossi, Leone Ginsburg und Willy Jervis.

3 Die Abtei Chiaravalle

Ein wahrer Zungenbrecher

Außerhalb der Stadt, inmitten der nebligen Ebene, zwischen Scheunen und Heuballen, liegt überraschend ein Kloster. Der Kontrast zwischen dem prächtigen Bau und der bäuerlichen Landschaft des Parco Agricolo Sud, dessen Produkte bei den Mönchen erhältlich sind, könnte größer nicht sein.

Um 1135 beginnt die Geschichte der Abtei Chiaravalle: Das heilige Haus wird von einer Gruppe französischer Mönche erbaut, die unter dem Befehl des burgundischen Klosters Cîteaux stehen. Ursprünglich sollen vor allem die Sümpfe der Poebene trockengelegt werden. Dafür sind die Mailänder den zisterziensischen Brüdern noch heute dankbar, obwohl sie keineswegs deren emsigen Fleiß an den Tag legen, wenn man nach der generellen Verwilderung und dem hohen Gras geht, das in den alten Bewässerungskanälen wuchert.

Betritt man den Hof des Klosters, verändert sich unweigerlich die Atmosphäre, als strömten die Mauern wie von weit her etwas Antikes, Spirituelles aus, dem man sich kaum entziehen kann. Das Innere der Kirche ist monumental – wie etwa die mächtigen Backsteinsäulen, die das Mittelschiff stützen. Kommen Sie morgens um halb sieben her, so entführt Sie der Chorgesang während der Andacht in die sakralen Sphären einer untergegangenen Zeit. Die Mönche sitzen auf Nussholz-Stühlen aus dem 17. Jahrhundert, die einst der lombardische Meister Carlo Garavaglia fertigte.

Jenseits des Querschiffes erzählen Pinselstriche aus dem 16. Jahrhundert von Bruder Della Rovere, genannt Fiammenghini, und der Geschichte des Ordens, der von St. Bernardo gegründet wurde. Darum wird auch die erste Bronzeglocke, die vom Glockenturm herabläutet, »Bernarda« genannt. So reich ist der Turm an Säulen, Bögen und Intarsien, dass der Volksmund ihn »Ciribiciaccola« taufte und folgendes Lied entstand: »C'è una ciribiciaccola con cinquecentocinquantacinque ciribiciaccolini …« Dieser ästhetische Herzensbrecher ist ein wahrer Zungenbrecher.

Adresse Via Sant'Arialdo 102, 20139 Mailand, Tel. +39257403404 | ÖPNV M3 Gelb und Bus 77, Haltestelle Corvetto | Öffnungszeiten Di–Sa 9–12 Uhr und 14.30–17.30 Uhr, So 14.30–17.30 Uhr (So kostenlose Führung um 16 Uhr) | Tipp In der Via San Dionigi 6 steht eine Statue von Cristo Redentore, die auch »El Signurun de Milan« genannt wird. Sie wurde dort aufgestellt, um die Stadt durch die Pilger zu segnen, die vom Kloster kommen.

4 Aldo Coppola am Dom

Haarschnitt im Himmel

Ohnehin nicht ohne: die Aussicht auf den Dom. Hier jedoch setzt man noch eins drauf und lässt den Prunk auf Höhe der Fialen genießen: Im Mailänder Salon Aldo Coppola liegt die Terrasse im achten Stock des Rinascente genau gegenüber einer herrlichen Heerschar von Zinnen, Streben, Figuren und Skulpturen, die die Pracht der Mailänder Kathedrale ausmachen. Sie bewundern sie aus dem Friseurstuhl heraus, während die stylishen Mailänder Barbiere die Gesichter der Kundschaft mit gewagten geometrischen Strukturen einrahmen. Dem gotischen Stil des Doms stehen sie in nichts nach.

Es liegt an Ihnen, ob Sie lieber in den Spiegel schauen, um das Schneiden, Färben, Massieren und Frisieren am Kopf Schritt für Schritt zu verfolgen, oder nur leicht nach rechts oder nach links auf den Marmor der Kathedrale blicken, deren Strebewerk sich jenseits der großen Fenster erstreckt. Schon im Winter ist es ein Erlebnis, sich in der Wärme des Raumes mit Spiegeln, Inox und Designer-Sesseln verwöhnen zu lassen. Im Frühjahr und Sommer jedoch gerät der Friseurbesuch mit Kathedrale zur Vollkrönung: An sonnigen Tagen wird hier im Freien frisiert!

So wird aus langweiliger Koloration eine kurzweilige Sensation, ja, ein gesellschaftliches Event: Hier sitzen frau und mann mit einer Tasse Tee auf der atemberaubenden Terrasse direkt unter dem blauen Himmel – und möchten nie wieder weg. Und hinterher erst, wenn Sie den Blick vom Zierwerk des Doms ab- und Ihrem Kopf erneut zuwenden: Niemals wieder (zumindest die ersten Tage nicht) werden Sie derselbe Mensch sein – dank der Inspiration von Stefano Lorenzi e Adalberto Vanoni, den Kreativdirektoren des Ateliers. Es braucht schon ein wenig Wagemut und einen großzügig dimensionierten Geldbeutel, das sei zugestanden.

Sie fühlen sich zu einer solchen Investition noch nicht bereit? Dann schauen Sie gern auf einen schnellen Blick vorbei. Der Himmel hat bekanntlich Zeit.

Adresse am Domplatz links in Rinascente im 8. Stock, 20121 Mailand, Tel. +392890597-12 oder -13, www.aldocoppola.it | ÖPNV M 1 Rot, M 1 Gelb, Haltestelle Duomo | Öffnungszeiten Mo–So 10–21 Uhr | Tipp Im 7. Stock befindet sich die Terrassenbar des Rinascente. Wer es ruhig mag, sollte den Dienstag und den Donnerstag mit allzu lauter Livemusik vermeiden (Mo–So 9–22 Uhr, im Sommer geöffnet bis 24 Uhr).

5 Das alte Amphitheater

Leben als Gladiator

Es ist nicht wirklich das schönste Gebäude und scheint eher eine Schule als ein Archäologie-Park zu sein, so viele Graffiti verunstalten die Wände entlang der Straße. Doch tritt man über die Schwelle des ehemaligen Konvents in der Via de Amicis, so entdeckt man das Mailand der Gladiatoren zusammen mit den Resten eines römischen Amphitheaters, in dem Spiele und Löwenkämpfe stattfanden.

Sie beginnen mit dem Antiquarium Alda Levi, das einer damals im Zuge der Rassengesetze verfolgten Archäologin gewidmet ist. Die Sammlung der Manufakturwaren, die aus Ausgrabungen aus dem nahe gelegenen Areal zwischen dem Becken des Naviglio und dem Corso Porta Ticinese stammten, ist größtenteils verloren gegangen. Verschiedene Tafeln erklären die kleinen Tonstatuen, Vasen, Amphoren, Schmuckstücke und Funde aus Bronze und Knochen. Es sind Alltagsgegenstände, die das städtische Leben in Mediolanum zu Zeiten der Römer zeigen: Wie eine Apotheke organisiert war, wie man Häuser baute – und wie man als Gladiator lebte.

Letzteres verrät die wertvolle Grabstele des Urbicus (3. Jahrhundert), eines ausgezeichneten Kämpfers, dem es sicher nicht an Mut gefehlt hat, denn er war »secutor«, ein Verfolger. Seine Rolle in den grausamen Arenaspielen, die mit dem Tod des Verlierers endeten, bestand darin, sich den Gegnern an die Fersen zu heften, um das Geschehen spannender zu gestalten.

Urbico ist mit einem kurzen Gewand und Schwert abgebildet, der linke Arm hält einen gebogenen Schild, und an seinem rechten Bein trägt er einen Schienbeinschützer. Als er starb, war er gerade einmal 22 Jahre alt, doch hatte schon 13 Siege vorzuweisen. Er hinterließ eine fünf Monate und eine sieben Jahre alte Tochter. Seine Frau Lauricia muss sehr stolz auf ihn gewesen sein, denn sie widmete ihm die zierlich geschriebene Inschrift: »Seine Anhänger sollen sein Andenken am Leben erhalten«. Durchaus gelungen, wie man heute weiß.

Adresse Antiquarium / Anfiteatro Alda Levi, Via Edmondo de Amicis 17, 20123 Mailand, Tel. +39289400555 | ÖPNV Bus 94, Haltestelle Colonne San Lorenzo; Tram 2, 14, Haltestelle Piazza Resistenza Partigiana | Öffnungszeiten Di–Sa 9.30–14 Uhr, Amphitheater: Di–Fr 9–16.30 Uhr (Winter), 9–18 Uhr (Sommer), Sa 9–14 Uhr | Tipp In der Basilika von Sant'Eustorgio kann man die frühchristliche Nekropolis aus dem 3. und 4. Jahrhundert besichtigen, die reich an Grabinschriften ist.

6 Die alte napoleonische Gießerei

Verschmelzungen

Die alte Gießerei Eugenia ist Frucht einer Enteignung. 1806 hatte Napoleon, der nicht gerade Respekt gegenüber dem Eigentum der Kirche zeigte, einige Grundstücke der alten Kirche Santa Maria alla Fontana beschlagnahmt. Der Boden des Innenhofes besteht aus den typischen Flusssteinen und ist mit einem schmiedeeisernen Tor verschlossen, durch das Sie nur hindurchspitzeln können. Es sei denn, Sie hätten sich angemeldet, denn die Gießerei ist Privatbesitz. Zum Hof hin, in den Backsteinhäusern, liegen Büros. Der Ort ist entzückend und trotz seiner berühmten Geschichte so gut wie unbekannt.

Hier wurde nichts Geringeres gegossen als die gigantische Sestiga auf dem Arco della Pace, dem triumphalen Tor zur Stadt im Norden des Simplonparks. In der zweiten Hälfte des 19. Jahrhunderts spezialisierten sich die Brüder Barigozzi, die die Werkstatt übernahmen, aufs Glockengießen, wie man auf den alten Fotos im ersten Stock erkennen kann. Davor hatten die Arbeiter keine festen Stellen und waren in Europa unterwegs, dort eben, wo sie gebraucht wurden.

In dem Raum, in dem Bronze gegossen wurde, scheint man noch immer die Hitze wahrzunehmen, die die Backsteine ausstrahlten, und den Schweiß der Arbeiter zu riechen, der sich mit dem sauren Metallgeruch mischt. Die Herstellung einer wohlklingenden Glocke bedarf viel Muskelkraft und Erfahrung. Damit Sie sich in die Zeit von damals zurückversetzen können, ist ein Teil der Fläche zum Museum umgestaltet worden, in dem vom kreativen Prozess bis hin zum letzten Guss alles erklärt wird. Ausgestellt sind Kopien der damals entstandenen Glocken, Terrakotta-Fliesen, Gipsengel und sakrale Szenen. Den Glockenschlag der Barigozzi-Glocken kann man noch immer in vielen kleinen katholischen Kirchen in Afrika, Asien und Lateinamerika hören, aber auch im Glockenturm von San Marco in Venedig und in Santa Maria del Fiore in Florenz.

Adresse Via Genova Thaon di Revel 21, 20159 Mailand, Tel. +3930552272, www.fonderianapoleonica.it | **ÖPNV** M3 Gelb, Haltestelle Zara; Bus 90, 92, Stelvio/Farini | **Öffnungszeiten** nur nach Voranmeldung (museo@fonderianapoleonica.it) oder bei Veranstaltungen (siehe Homepage) | **Tipp** Genau in der Mitte des Domplatzes befindet sich ein Reiterdenkmal, das Vittorio Emanuele II. gewidmet ist und ebenfalls in der Werkstatt der Brüder Barigozzi gegossen wurde (1896).

7 Die Ambrosiana Bibliothek

Der Name der Chose

Seit Umberto Ecos »Der Name der Rose« und Dan Browns »Da Vinci Code« stellt eine Bibliothek wie diese in der Phantasie vieler Menschen einen idealen Ort abgründiger Intrigen dar. Doch die Geschichte wollte es anders.

Anno 1609 machte Kardinal Federico Borromeo als Erster das weltliche Wissen der Kirche der Öffentlichkeit zugänglich. Seine »zwölf Apostel« schickte er durch Europa, von Griechenland bis Flandern, um seltenste und wertvollste Bücher zu erwerben, wie sie noch heute in ihren ledernen Einbänden mit goldenem Titel am Buchrücken auf den alten Holzregalen stehen. Um den Federico-Saal zu erreichen, durchqueren Sie die Pinakothek, vorbei an Bildern von Raffael, Caravaggio, Tizian, da Vinci, Brueghel und anderen alten Meistern.

In diesen prächtigen Sälen empfing der fortschrittliche Kardinal seine Gäste. Leicht kann man sich die offenen Münder der Koryphäen seiner Zeit angesichts der Wissensfülle in diesen Tausenden von Werken vorstellen.

Ein Verdienst langer und gefährlicher Reisen: Von den Versen Plautus' (2. Jahrhundert v. Chr.) in Abschrift aus dem 5. Jahrhundert über die Anfänge des Christentums bis zu Werken über Alchemie, Philosophie und Medizin war alles vertreten. Ob nun Wiegendruck-Kodizes des 15. Jahrhunderts aus den Druckereien Venedigs oder Aristoteles im O-Ton mit Kommentaren von Boccaccio und Virgil, Miniaturen von Simone Martini oder Kommentaren von Petrarca: Diese Sammlung war und ist das ultimative Who's who der Geistesriesen aus Antike, Mittelalter und früher Neuzeit.

Dann der jähe Rückfall in die Barbarei: 1943 brannte der Saal lichterloh; viele Bücher aus dem 16. Jahrhundert fraßen die Flammen, doch der Großteil blieb verschont und kann heute über digitale Plattformen konsultiert werden – auch etwa der kostbare »Codex Atlanticus« von Leonardo da Vinci.

Adresse Piazza Pio XI 2, 20123 Mailand, Tel. +392806921, www.ambrosiana.eu | ÖPNV Rot, Tram 2, 12, 14, 16, 27, Haltestelle Cordusio; M3 Gelb, Haltestelle Duomo | Öffnungszeiten Di–So 10–18 Uhr | Tipp Die San-Sepolcro-Kirche aus dem 10. Jahrhundert auf dem Platz an der Hinterseite der Bibliothek, wiedererbaut nach dem ersten Kreuzzug (Ende des Jahres 1000) in Imitation des St. Sepolcro von Jerusalem. Es gibt auch Skizzen von da Vinci, die sie abbilden.

8 Das Archiv Giovanni Sacchi

Vater der schönen Dinge

Revolutionär war das Telefon »Grillo«, entworfen von Marco Zanuso für Siemens, auch die Nähmaschine »Mirella« von Marcello Nizzoli für Necchi, die 1957 den begehrten Preis Compasso d'Oro gewann, genießt Kultstatus. Solch stylishe »little helpers« verschönerten den Alltag nicht nur in italienischen Haushalten und schrieben Designgeschichte. Viele der großen Designer erarbeiteten ihre Modelle gemeinsam mit Schreiner Giovanni Sacchi – die perfekte Symbiose von Kopf- und Handwerk. Bei Sacchi holte sich die Theorie die entscheidende Inspiration durch die Praxis. Schließlich fanden seine Werke ihren Platz in einem außergewöhnlichen Archiv: im MIL, dem Museum für Industrie und Arbeit.

Der erste Stock beherbergt einen Nachbau von Sacchis Werkstatt; zwei weitere – verstecktere – Räume laden dazu ein, den wahren Schatz der Sammlung Sacchi zu entdecken: 400 Modelle aus Holz und 8.000 Zeichnungen. Auf den ersten Blick sieht es hier aus wie in einem Antiquariat: Scheinbare Unordnung dominiert das gebändigte Chaos, schlecht beleuchtete Regale und Schränke quellen über von Kostbarkeiten, die achtlos gestapelt erscheinen wie altes Spielzeug. Und das, obwohl jedes einzelne Objekt locker einen Platz in einer Vitrine des New Yorker Museum of Modern Art verdient hätte. Es genügt, das Paneel am Eingang zu lesen; dort prangen die Original-Unterschriften aller Klienten der Schreinerei: Achille Castiglioni, Aldo Rossi, Ettore Sottsass, Gae Aulenti, Makio Hasuike, Mario Botta und so fort. Ein Who's who der Designgeschichte vom Ende des Zweiten Weltkriegs bis 1997, als die Werkstatt Sacchi schloss.

Im Außenbereich steht noch immer der Laufkran von Ansaldo, der Stahlfabrik, die hier ihren Standort hatte. Der Kontrast zwischen den bis zu 20 Tonnen schweren Metallteilen, die zur Gießerei kamen, und den winzigen Alessi-Espressokochern könnte größer nicht sein. Was für eine Allegorie auf robuste Praxis und filigrane Theorie.

Adresse MIL-Archivio Sacchi, Via Granelli 1, 20099 Sesto San Giovanni (Mailand), Tel. +39236682271, www.archiviosacchi.it | **ÖPNV** M 5 Lila, Haltestelle Bignami; M 1 Rot, Haltestelle Sesto Rondò | **Öffnungszeiten** Di–Fr 10–18 Uhr | **Tipp** Im Außenbereich steht auch noch eine Breda-Lokomotive aus dem Jahr 1906 der »Muro delle voci«, ein Tonfilm (um die Wächter des Museums in Gang zu bringen), der die Stimmen Tausender Arbeiter bei der Arbeit in der Fabrik wiedergibt.

9 Das Baladin

Trinken mit sozialem Mehrwert

Geboren wurde Teo Musso im Piemont, wo es sehr guten Wein gab, doch wenig Bier. Also beschloss Musso eines Tages, mit seiner Partnerin eine kleine Osteria aufzumachen, in der es leckeres Bier gab, das so einfach war wie er. Zunächst nichts Besonderes. Mit der Zeit jedoch wurde er dank seiner Beharrlichkeit zu einem wahren Braumeister. Seine Philosophie – Baladin ist französisch für »Seiltänzer« – ist inspiriert vom Straßentheater seiner Freunde aus dem Zirkus Bidon. Auch er ist ein Weltenbummler; vom Osteria-Zelt in Piozzo in der Provinz Cuneo aus, wo 1996 alles begann, hat er viele neue Bierstuben eröffnet – in Italien, Marokko und New York, um dort seine Ideen zu verwirklichen und zu experimentieren.

Mit der Zeit wurde der Baladin-Stil zum Markenzeichen verschiedener Läden mit unverkennbaren Gemeinsamkeiten: Für Musso ist die wichtigste Verbindung jene zu Mutter Erde, denn dort liegt für ihn der Ursprung eines jeden guten Bieres. Da keine Abstriche in der Qualität gemacht wurden, steht Baladin mittlerweile auf den Tischen der besten Restaurants der Nation und erhielt 2014 den Preis für das beste italienische Bier. Heute gibt es dreißig Sorten, vier davon sind »open source«, eine Hommage an soziale Werte und den freien Gedankenaustausch. Blondes, Dunkles – jede Farbe verströmt Kraft. Ob aromatisiert mit Kaffee oder einer leichten Schokoladennote – der Phantasie sind keine Grenzen gesetzt.

Wer Bier liebt, sollte die Treppen in der Via Solferino zu einem der letzten original Mailänder Baladins hinabsteigen und so richtig einen gegen den Durst trinken. Unter dem Gewölbe aus rotem Backstein hängt das Bild einer jungen Frau aus den 50ern – Comic-Stil auf Tapete –, die aus vollem Hals schreit: »Wir wollen nur Bier!«

Das ist das »Milano da bere« des neuen Jahrhunderts, weniger skrupellos und umweltbewusster. Hier trinken Sie zünftig – und mit ökosozialem Mehrwert.

Adresse Via Solferino 56, 20121 Mailand, Tel. +3926597758, www.baladin.it | ÖPNV M 1 Rot, Haltestelle Repubblica; M 2 Grün, Haltestelle Moscova; Tram 33, Haltestelle Monte Grappa / Gioia | Tipp In der Via Adelaide Ristori 2 befindet sich ein weiteres Baladin: das Bibendum. Außer einem einfachen Bier kann man hier neuerdings qualitativ hochwertige Weine verkosten.

10_Der Bauernhof Cuccagna

Ideenernte

Weit raus aufs Land müssen Sie nicht fahren, denn eigentlich liegt die Cuccagna mitten in der Stadt – ein Fleckchen Schollenidyll mit Solidaritäts-Appeal und voller Do-it-yourself-Ideen, das man über einen malerischen Platz erreicht. An seiner Mauer hängt noch das alte Schild einer Trattoria, die seit Langem geschlossen hat.

Es sind 2.000 Quadratmeter, die bestellt werden, darüber hinaus Wiesen, Gärten und Höfe, wie sie im 18. Jahrhundert gebaut wurden. Heute ist dies einer der bekanntesten Eingliederungsorte und reich an kulturellen Initiativen. Hinzu kommt ein Bistro, in dem sich Studenten und Bewohner des Viertels auf einen Tee oder Aperitif treffen.

Im oberen Stockwerk befinden sich eine Herberge und ein Restaurant im Hipster-Chic. Der große Saal mit dem hohen Gewölbe grenzt an den Garten, der durch die Fenster zu bewundern ist. Jede Tür – ein Bauernhaus hat nun einmal viele – ist der Eingang zu einem Arbeitszimmer, einem Handwerksraum, einem Lädchen, einer neuen Idee, einem Projekt, gar einem Schauspiel.

Für Besucher bleibt nur die Qual der Wahl. Wer zum ersten Mal herkommt, ist daher oft ein wenig orientierungslos, es gibt zu viele Möglichkeiten, mitzumachen. Am Schwarzen Brett der großen Scheune können Sie sich jedoch informieren oder mit jemandem an der Information reden. Hier, so scheint es, hat jeder wunderbarerweise Zeit. Das will in einer Stadt wie Mailand etwas heißen. Es gibt einen Bücher-Tausch, zu dem jeder Bücher mitbringt und andere mitnimmt; Sie können sich auch in ein Arbeitsregister eintragen: Man bekommt zwar kein Geld, lernt aber viel. Wer etwa Fotograf ist, kann seine Dienste anbieten und sich dafür beispielsweise vom Computerexperten den PC richten lassen. Das klappt von Yoga bis Origami, vom Holzfällen bis zur Fahrradwerkstatt. Dienstags von halb vier bis acht wird ein Markt mit saisonalen Produkten abgehalten. Man ist ja trotz allem auf dem Land.

Adresse Via Privata Cuccagna 2, 20135 Mailand, Tel. +39283421007, www.cuccagna.org | **ÖPNV** M 3 Gelb, Tram 9; Bus 62, 77, Haltestelle Porta Romana | **Öffnungszeiten** Bauernhof Mo – So 9.30 – 1 Uhr; Bar / Restaurant und Hostel Di – So 10 – 1 Uhr (Tel. +3925457785, www.unpostoamilano.it) | **Tipp** In der Viale Monte Nero 15 befindet sich eine Buchhandlung, die die Wanderlust weckt. Monti in città hat sich ganz den Themen Reisen, Berge, Wandern und Outdoor verschrieben (Mo 15 – 19.30 Uhr, Di – Sa 10 – 13.30 Uhr und 15 – 19.30 Uhr).

11 Der Bauernhof Monluè

Radetzky-Marsch ins Bett

»Dort, wo Gras wuchs, steht nun eine Stadt ...«, sang Adriano Celentano nostalgisch 1966. Wer weiß, was er jetzt wohl über die Monluè sagen würde – ein Dorf, das von der Landwirtschaft lebte, mit Bauernhäusern, einer Kirche, Ställen, Heuschobern und einem Lager für Saatgut. Inzwischen ist es Teil der Tangenziale Ost, mit Industrie-Lagerhallen und Kurier-Depots. Dennoch: Fährt man von der Autobahn ab, findet man sich wie durch Zauberhand in ländliche Ruhe und Heiterkeit versetzt.

Zunächst kommen Sie an der Abtei aus dem 13. Jahrhundert vorbei, die aus rotem Backstein erbaut wurde, wie es in der lombardischen Ebene Brauch war, in der es keine Steine gab. Unweit davon liegt der Bauernhof mit seinen Bewohnern: ein Mann auf dem Fahrrad, eine Frau vor der Eingangstür, eine Schwester, die im Pfarrhaus eine Gruppe Flüchtlinge beherbergt. Hier kennen sich alle wie in einem kleinen Dorf und geben Reisenden gern Tipps. Denn nach Monluè kommen viele, vor allem bei schönem Wetter, wenn es sich in der alten Gastwirtschaft im Freien unter Blauregen schmausen lässt. Das Restaurant gleicht einem Wohnzimmer aus dem 19. Jahrhundert; zwischen Bildern und Kuckucksuhren hängt die Proklamation von Radetzky aus dem Jahr 1849. Der österreichische General war Stammgast des Lokals, und da ihm der Ruf vorauseilte, auch horizontal ein Held zu sein, nahm er vielleicht seine Geliebten mit hierher, in eines der Zimmer im ersten Stock, die früher an Wanderer auf dem Weg zum Kloster vergeben wurden. Ein Künstler hat ihn verewigt, wie er einem schönen bürgerlichen Mädchen zuzwinkert. Der gleiche Maler widmete dem Dichter Alessandro Manzoni ein Bühnenbild, inspiriert von dessen Roman »I Promessi Sposi«. Schließlich wusste der gebildete Schriftsteller nicht nur Mädchenbrüste, sondern auch ein Risotto mit Ossobuco oder das echte Mailänder Schnitzel zu schätzen, dass man schon immer nur hier bekommt – versichert der Wirt.

Adresse Antica Trattoria Monluè, Via Monluè 75, 20138 Mailand, Tel. +3927610246, 3490587082, www.anticatrattoriamonlue.it | ÖPNV Tram 27, Haltestelle Mecenate | Tipp Das 1267 gegründete Kloster San Lorenzo war bedeutend. Neben ihm sieht man noch die alten Kornspeicher, in denen nun politische Flüchtlinge beherbergt werden, und einen echten Bauernhof (im Umbau), der von der Gemeinde für Veranstaltungen und kulturelle Events genutzt wird.

12 Das Becken der Gekrönten

Als Brera noch Klein-Venedig war

Die großen Holzschleusen, die das Wasser zurückhalten, sind exakt diejenigen, die Leonardo da Vinci entworfen und im Codex Atlanticus gezeichnet hat. Wer das nicht glauben mag, kann gern in der Ambrosiana in der Originalausgabe nachschlagen. Sie finden die Schleusen mit ihren schweren Flügeln und dem verwitterten Holz am Ende der Via San Marco. Halb geöffnet sind sie, als müssten sie sich noch immer gegen die Kraft des Wassers anstemmen, das schon lange nicht mehr fließt. 1996 wurden sie restauriert und erneut ihrem Schicksal überlassen.

Heute finden streunende Katzen hier Zuflucht, Pappe wird vom Wind hergetragen, sammelt sich unter der steinernen Brücke in der Adda – und bei den Wachhäuschen aus Ziegel. Als Einzige erinnern sie noch an dieses glanzvolle »Klein-Venedig«, das sich einst durch die Altstadt zog. Es bildete einen Knotenpunkt zwischen dem Stadtring der Navigli und der Martesana, dem Kanal, der Mailand mit der Adda verband, was die Schifffahrt bis innerhalb der spanischen Mauern ermöglichte. In Wirklichkeit wurde das Becken um 100 Meter versetzt; ursprünglich befand es sich auf Höhe von »Tumbun de San Marc«. Dort zahlte man beim Betreten der Stadt auch Waren- und Wegzoll; daher nannten die Mailänder die Schleuse »Zollbrücke«, während sich der heutige Name auf die Kirche aus dem 15. Jahrhundert bezieht: die Santa Maria Incoronata.

Für die Stimmung des alten Mailand, die man heute kaum noch erlebt, sorgt unter anderem die pittoreske Piazza mit der Bierstube Carlsberg Ø1, die sich in einem recht typischen Gebäude befindet. Ihre Keller wurden früher als Lager der Waren benutzt, die im kleinen Hafen verladen werden sollten. Es lohnt sich, die Stufen des Lokals hinabzusteigen, unter der gewölbten Ziegeldecke hindurch. An den Wänden hängen alte Fotos aus jener Zeit, in der noch Wasser durch die Navigli floss. Wovon selbst Stammkunden im Chicster-Brera meist nichts wissen.

Adresse am Ende der Via San Marco auf Höhe der Nummer 45, 20121 Mailand | **ÖPNV** M 2 Grün, Haltestelle Moscova; Bus 43, Haltestelle Principessa Clotilde; Bus 61, Haltestelle Pontaccio | **Tipp** In der Via San Marco 20 befindet sich noch immer das traditionsreiche Restaurant El Tombon de San Marc. Es behielt den Namen des alten Hafens, wo der Kanal Martesana auf den inneren Ring der Navigli stieß.

13 Bei Sadler

Schicker Quickie

Er gilt als unerreicht – aber nicht, weil er ein Sternekoch ist. Oft halten die Michelin-Sterne oder die Gambero-Rosso-Gabeln die Kundschaft eher davon ab, ein Restaurant zu besuchen, vor allem in mageren Zeiten.

Nicht mit mir, dachte sich da Claudio Sadler, der kreative Mailänder Gourmetkoch, der in seinem prestigeträchtigen Lokal an den Navigli zwei kulinarische Festsäle geschaffen hat, beide mit viel Stil. Das Restaurant ist gepflegt bis ins letzte Detail; atmosphärisch und romantisch abseits liegt der VIP-Bereich.

Die Tische sind mit Designer-Porzellan, Kristallkelchen zur Verköstigung von Weinen und einem Hauch von Originalität gedeckt. Die Speisen werden stilvoll serviert, geometrisch angeordnet wie ein Kunstwerk – beinahe zu schade, sie mit der Gabel zu zerstören. Widerstand jedoch bleibt zwecklos; die Meisterwerke schmecken zu gut. Aber sie kosten auch.

Daher gibt es da noch das »Sadlerino«, wie es unter Liebhabern genannt wird, wobei es sich eigentlich um die Trattoria Chic'n Quick handelt, mit Fenstern zur Straße. Hier kommen viele Gäste schon mittags – und ohne Berührungsängste –; sie bestellen das Menü, das der Koch auch hier mit dem unwiderstehlichen Etwas zubereitet – für gerade einmal 20 Euro. Serviert werden ein erster und zweiter Gang sowie ein Dessert (Getränke nicht inbegriffen). In der Mailänder Innenstadt ist dies der Preis, den man in jeder beliebigen Bar für ein in der Mikrowelle aufgewärmtes Nudelgericht und einen gemischten Salat mit Dosenmais zahlt. Geschmack wäre anders.

Sadler hingegen bietet ehrlichen gastronomischen Sozialismus; hier kann jeder gut essen. Feine Küche ist schon lang kein Privileg der Elite mehr. Und wer sich wirklich begeistert, darf auch an einem der Abende kommen, an denen man gemeinsam mit dem Koch das Essen zubereitet und sich zum Festschmaus schließlich gemeinsam an einen Tisch setzt. Unerreicht, aber nicht unnahbar.

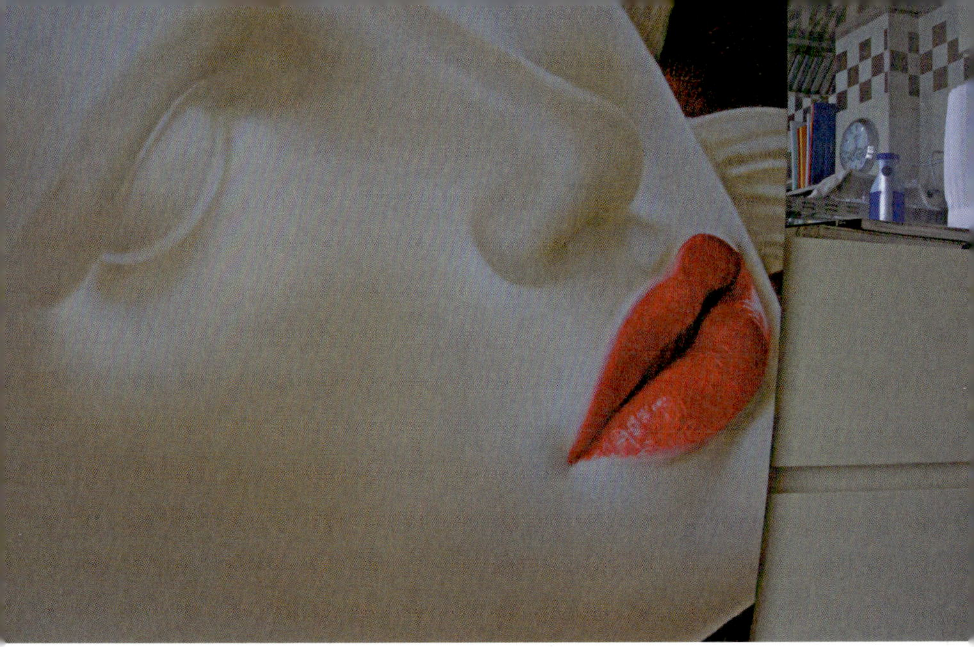

Adresse Via Ascanio Sforza 77, 20141 Mailand, Tel. +39258104451 (Sadler), +39289503222 (Chic'n Quick), www.sadler.it | **ÖPNV** M2 Grün, Bus 91, Haltestelle Romolo; Bus 51, 91, Haltestelle Liguria; Bus 59, Haltestelle Nav. Pavese / Rimini | **Öffnungszeiten** Sadler Mo–Sa 19.30–23 Uhr; Chic'n Quick Di–Sa 12.30–14.30 Uhr und 19.30–22.30 Uhr, Mo 19.30–22.30 Uhr | **Tipp** In der Nummer 47 gibt es ein kleines lustiges Lokal mit Tischen auf dem Gehweg, geführt von einem Surfer und einem Australier. Es heißt Burger Wave, und man kann dort Aborigine-Hamburger verputzen.

14 Die Boote der Navigli

Mailand wie vor 100 Jahren

Schon seit 1913 ist die Darsena kein Handelshafen mehr. Heute gibt sie den Nabel des Mailänder Nachtlebens und ist vor allem nach Sonnenuntergang sehr belebt, wenn die Mailänder sich in den vielen Lokalen entlang des Naviglio Pavese und des Naviglio Ticinese aufhalten. Die Atmosphäre allerdings hat sich nicht sehr verändert. Früher waren da die Schreie der Gepäckträger beim Auf- und Abladen der Waren, das Kommen und Gehen der Passanten, die am Abbiategrasso oder der Boffalora an Land gingen.

Heute fallen die neugierigen Blicke der Stammgäste lediglich auf einen neuen Melting Pot der Stimmen und Begegnungen. Fehlt nur der Aufruf zum Auslaufen des Barchetts, des Bootes, das sich in Richtung Mailand mit dem Strom treiben ließ. Um wieder stromaufwärts zu kommen, musste es von einem Pferd gezogen werden. Genau ein Jahrhundert später beschloss der Verein »Navigli Lombardi«, das Boot wieder in Betrieb zu nehmen. Damals war es fünf bis acht Stunden täglich in Betrieb, heute nur noch anderthalb. Doch das genügt, um die städtische Umgebung aus einer anderen Perspektive zu betrachten: vom Fluss aus. Viel erinnert an die Vergangenheit: die Waschküchen, die schönen Häuser am Kanal, die von den Seilen der Pferde abgewetzten Steine, die Schleusen, die unterschiedliche Wasserstände ausglichen, bis hin zu San Cristoforo, wo Passagiere einstiegen, um sich in die Stadt zu begeben. Und natürlich: das Durchfahren der Scondellino-Brücke zur Darsena, die das wahre Herz der Navigli und den Zugang zum inneren Ring darstellte. Dieser entspricht heute der Via Fatebenefratelli, Via Senato, Via Santa Sofia und der Via Carducci (in der doch sehr zentralen Zone ZTL). Die alte Wasserstraße wurde im 12. Jahrhundert erbaut und im 15. Jahrhundert von den Architekten des Doms dazu benutzt, den Marmor vom Lago Maggiore durch die Navigli an die Baustelle der neuen Kathedrale zu befördern. Damals der Nabel der Stadt.

Adresse Alzaia Naviglio Grande 4, 20144 Mailand, Tel. +39292273118, www.navigareinlombardia.it | ÖPNV M 2 Grün, Haltestelle Porta Genova; Tram 19, 14; Bus 47, 74, Haltestelle Cantore | Öffnungszeiten April–Sept. und Weihnachten (genauere Infos auf der Website) | Tipp In den Gärten an der Via Conca del Naviglio kann man das Becken der Viarenna sehen, das erste aus dem Jahr 1400. Es verbindet den Naviglio Grande mit dem inneren Ring; später wurde es durch die Darsena ersetzt.

15 Der botanische Garten von Brera

Gewürze der Kaiserin

Den botanischen Garten der Accademia di Brera zu erreichen ist eine Art Schatzsuche, doch es ist unterhaltsam, sich hier zu verlaufen, bedenkt man die Schönheit und die Geschichte des Gebäudes. Der Garten befindet sich hinten, zu Füßen des Observatoriums, das von dort aus eher wie ein Geisterschloss als wie ein Astronomiemuseum aussieht. Im Garten wachsen die Pflanzen wild und dicht und erobern sich ihre Freiheit trotz der Anstrengungen der Gärtner zurück, die um Ordnung bemüht sind. Die Heilkräuter, die hier seit 200 Jahren wachsen, um die antike »Kräuterei« von Brera mit Essenzen zu versorgen, verströmen verführerischste Düfte.

Würde nicht ein Schild darauf hinweisen, könnte sich wohl niemand vorstellen, dass auf so engem Raum 300 verschiedene Baumarten wachsen. Fast alle sind einheimisch, bis auf die beiden männlichen und weiblichen Ginkgo biloba – die ältesten Exemplare in Europa –, den seltsamen Chinesischen Parasolbaum (Firmiana platanifolia) sowie die kaukasische Flügelnuss (Pterocarya fraxinifolia).

Denn der Park war hauptsächlich zu didaktischen Zwecken gedacht und wurde nach den Wünschen der Kaiserin Maria Theresia von Österreich angelegt, die den Garten 1744 zu einem »Hortus Œconomicus« nach dem Vorbild von dem in Wien einrichten ließ. Die Liebe der Habsburger Herrscherin zur Natur ist allseits bekannt.

Sie lag goldrichtig: Niemals verlieren die Düfte des Frühlings, die warmen Herbstfarben und die melancholischen Winternebel ihren Reiz. In der Mitte befinden sich elliptische Becken mit Nymphen aus dem 17. Jahrhundert, entworfen vom Architekten Piermarini, der für die Herrscherin auch den Königshof und den Park in Monza baute. Gern kommen die Studenten der Accademia mit ihren Büchern her und lesen unter den Blauregen oder Magnolien, während andere spazieren gehen und einen Blick auf die Schilder in Latein werfen.

Adresse Via Privata Fratelli Gabba (am Ende der Straße), 20121 Mailand, Tel. +39250314680, www.brera.unimi.it | **ÖPNV** M3 Gelb, Haltestelle Montenapoleone; Bus 61, Haltestelle Monte Pietà; Tram 1, Haltestelle Manzoni/Montenapoleone | **Öffnungszeiten** Mo–Fr 9–12 Uhr und 14–16 Uhr, Sa 10–16 Uhr | **Tipp** Es lohnt sich, im Hof der Accademia in der Via Brera 28 die Treppe hinaufzusteigen und einen Blick in den ersten Saal zu werfen, um dort den Bibliothekseingang mit den Holzregalen zu sehen, die vor dem Lesesaal stehen.

16 Die Ca' dell'Oreggia

Das Ohr der Sprechanlage

Es ist bekannt unter dem Namen »Ca' dell'Oreggia«, was so viel bedeutet wie Haus des Ohres. Der Name bezieht sich auf die marmorne Gegensprechanlage neben der Eingangstür. Mit dem absonderlichen Organ beauftragt hatte man den Bildhauer Adolf Wildt, der sich auf Ohrmuscheln spezialisiert hatte. Wie Architekt Aldo Andreani, der das Gebäude entwarf, auf diese Idee kam, ist unbekannt. Unvermeidlich jedoch, dass der marmorne Lauscher eine Vielzahl von beliebten Geschichtchen ins Leben rief. Eine der schönsten Legenden geht so: Flüstert man dem Ohr seinen Wunsch, ohne dabei bemerkt zu werden, geht er in Erfüllung. Seine magischen Fähigkeiten waren dem Ohr erst zugewachsen, nachdem es nicht mehr für seinen ursprünglichen Zweck als Intercom mit dem Portier der Casa Sola-Busca verwendet worden war. Übrigens eine der ersten der Stadt, eine wahrhaft verteufelte Technologie.

In den Jahren zwischen den Weltkriegen tobten sich die Architekten in Mailand am ungehemmtesten aus; dieser Stil wurde »eklektisch« genannt. Es war die Zeit, in der die Fassaden der Häuser mit bizarren Figuren verziert wurden und die Baukünstler sich mit großer Freiheit und beinahe unverschämtem Vergnügen in Anlehnung an das Mittelalter, die Klassik und den Jugendstil in einem fröhlichen Mischmasch der verschiedenen Epochen und Kulturen bewegten. Beispiele sind auch der Palazzo Castiglioni im Corso Venezia 47 oder die Casa Berri-Meregalli in der Via Cappuccini.

Andreani hatte eine klassische Ausbildung mit Schwerpunkt Architekturgeschichte; seinen Abschluss machte er am Polytechnikum von Mailand, kannte sich also mit der rationalistischen Bewegung und der Avantgarde aus. Seine Vorbilder waren Giulio Arata und Giuseppe Sommaruga. Als wahrer Künstler jedoch war er vor allem auch ein spielerischer Visionär, der so unbefangen und unabhängig arbeitete, wie es ihm sein Auftraggeber erlaubte: immer kühn am Ohr der Zeit.

Adresse Via Gabrio Serbelloni 10, 20122 Mailand | **ÖPNV** M 1 Rot, Haltestelle Palestro; Bus 54, 61, Haltestelle Monforte Donizetti | **Tipp** An der Ecke Via Mozart und Via Luigi Melegari befindet sich der Palazzo Fidia. Ein Gebäude, das so originell war, dass Andreani von den ursprünglich vier geplanten nur dieses fertigstellte. Die anderen drei wurden anderen Architekten zugeteilt, die einige stilistische Elemente Andreanis übernahmen und sie etwas nüchterner umsetzten.

17 Das Café Sant'Ambroeus

Konditorei der Belle Époque

Unter großen Glaslampen aus Murano, zwischen silbrigen Spiegeln und Holzvertäfelungen, verlocken exquisite Köstlichkeiten der Belle Époque die Kundschaft dazu, einen zweiten Blick zu riskieren. Und was für einen: Auf der Theke sind Schokoladenpralinen, Konfekt und kleines Feingebäck aufgereiht wie Juwelen hinter Glas. Sobald Sie die Schwelle samt Bogengang überschreiten, kitzelt Sie zudem der köstliche Duft nach Arabica verführerisch in der Nase; es gibt kein Halten mehr.

Sie sind im Tempel der Miniatur-Konditorenkunst angekommen, natürlich in der Nähe der Scala und der Galleria Vittorio Emanuele gelegen. Seine Geschichte begann 1936 dank zweier Süßwarenmeister, die ihre kulinarischen Fertigkeiten in den Restaurants von Paris verfeinert hatten, doch für ihre Schokoladenkreationen gen Wien blickten.

Im modischen, fröhlichen und auch zuweilen augenzwinkernden Mailand der 30er waren die gefüllten Torten, die Cremes und Apfelstrudel sehr begehrt. Hausfrauen schickten ihr Personal für Backwaren, die sie zum Tee servieren konnten. Heute ist das kaum anders, ob man nun ein Catering für eine private Feier bucht, ein Gala-Diner oder ein Geschäftsessen in einem bestimmten Stil ausrichten möchte. Die Stammkunden kommen um die Mittagszeit von den Firmengebäuden der Mode- oder der Kommunikationsbranche, die ihre Niederlassungsbüros im Zentrum haben.

Auch wenn er 10 Cent mehr kostet, ist der Espresso es wirklich wert. Außerdem bekommen Sie dafür auch eine – natürlich – hausgemachte Praline zum Tässchen. Vor Weihnachten lohnt es sich allein schon wegen des Duftes nach Panettone, der hier ein echtes Ereignis ist. Ein Schild weist darauf hin, dass die süße Botschaft Mailands in nur 48 Stunden in jedes Haus der Welt geliefert werden kann, so schnell und international ist das Zuckerbäcker-Kleinod. Die Originale direkt vor Ort zu probieren bleibt jedoch ein Genuss für sich.

Adresse Corso Giacomo Matteotti 7, 20121 Mailand, Tel +39276000540 | **ÖPNV** Bus 94, Haltestelle Colonne San Lorenzo; Tram 2, 14, Haltestelle Piazza Resistenza Partigiana | **Öffnungszeiten** Mo–Sa 7.45–20.30 Uhr | **Tipp** In der Via Montenapoleone 8 (Ecke Via Sant'Andrea) befindet sich das Cova, eine alte Konfekt-Konditorei, gegründet 1817 von einem neapolitanischen Soldaten. Seine Produkte sind so renommiert, dass sie gefälscht werden wie Modemarken, doch die echte Qualität gibt es nur hier (Mo–Sa 7.45–20.30 Uhr).

18 Die Ca' Granda

Mehr Königshof als Krankenhaus

»Ca' Granda« bedeutet großes Haus, so nennt der Volksmund das »Ospedale Maggiore«, ein ehemaliges Krankenhaus aus der zweiten Hälfte des 15. Jahrhunderts, das vom florentinischen Architekten Filarete entworfen wurde. Es ist eines der ersten Gebäude der Renaissance in Norditalien und hat den neuen Stil eingeleitet. Spiritus Rector war Francesco Sforza, der Herzog von Mailand, dem die Stadt noch viele weitere Kunstschätze verdankt. Mittlerweile gehen hier die Studenten der staatlichen Universität ein und aus; in den einstigen Krankenzimmern befinden sich Seminarräume. Die Fassade mit ihren eleganten Reihen von zweibogigen Fenstern und Spitzbögen aus verziertem Ton, die auf die Festa del Perdono hinausgehen, ist jedoch erhalten geblieben. Eine phantastische Kombination aus (damals bahnbrechender) florentinischer Strenge und lombardischer Gotik. Ein Beispiel sind die Marmorfiguren, darunter sehr amüsante wie etwa die Frau, die sich entgeistert die Haare rauft.

In einer Abhandlung über Architektur begründete Filarete sein Bauvorhaben mit der nüchternen Rationalität der Renaissance, doch war es ihm nicht vergönnt, die Arbeiten zu vollenden. Das Projekt erfuhr einen kleinen Kulturschock: Weitergebaut wurde mit dem nördlichen Hang zu üppiger Dekoration. Der Innenhof zu Ehren Richinis, den zwei Spitzbogenreihen säumen, ist monumental – mehr Königshof als Krankenhaus. Folgen Sie dem Strom der Studenten Richtung Fakultät für Geschichte und Philosophie, so durchqueren Sie die vier Kreuzgänge Filaretes. Die ersten beiden wurden nach ihrer Zerstörung im Zweiten Weltkrieg wiederaufgebaut und werden »della Ghiacciaia« und »della Legnaia« genannt – in Anspielung an die wiederentdeckten Relikte der Römerzeit. Die westlichen Gänge namens »dei Bagni« und »della Farmacia« sind erhaltene Originale aus dem 15. Jahrhundert, der Ära der (nicht immer so nüchternen) Renaissancemenschen.

Adresse Via Festa del Perdono 7, 20122 Mailand | ÖPNV M 1 Rot, Haltestelle Cordusio Missori; M 3 Gelb, Haltestelle Crocetta; Tram 16, 24, Haltestelle Romana / S. Sofia; Tram 12, 23, 27; Bus 60, 73, 84, Haltestelle Vittoria; Bus 77, 94, Haltestelle Sforza / Andreani | Tipp In der Krypta von Santa Maria Annunciata (der Eingang befindet sich im Hof Richini der Universität) wurden die Patrioten begraben, die während des Fünf-Tage-Aufstandes gefallen waren. Später wurden sie in das Mausoleum an der Piazza Cinque Giornate gebracht. Ihre Namen sind noch heute an den Wänden zu lesen.

19 Der Cimitero Monumentale

Der letzte Aperitif

Es ist eine ungewöhnliche Spazierroute, die Sie auf von Bäumen gesäumten Wegen durch die Anlage führt. Hier können Sie ein paar schöne Stunden damit verbringen, die Fresken der neoklassischen Gärten gemeinsam mit den Persönlichkeiten zu bewundern, die hier ruhen. Oberirdisch zu sehen sind Frauen, die um ihre Männer weinen, geflügelte Putten, Musiker, Sphinxe oder gesellige Runden wie etwa das Letzte Abendmahl in Bronze und Stein von Giannino Castiglioni über dem Grab der Familie Campari, von den Mailändern scherzhaft der »letzte Aperitif« genannt.

Während der Zutritt allen Lebenden freisteht, sieht es bei den Toten anders aus. Letztere brauchen schon einen guten Leumund; auch herausragende Eigenschaften sind unabdingbar. Das Streben nach ewigem Ruhm etwa wird von einer eigens dafür vorgesehenen Kommission beurteilt. Man könnte sagen, die Geschichte Mailands vom Risorgimento bis heute ist hier auf 25 Hektar aus Marmor und Zypressen komprimiert.

1866 wurde der Friedhof vom Architekten Carlo Maciachini geplant, zu Ehren der von Fremdherrschaft befreiten Stadt. Frette, Belloni, Marelli, Branca, Zambeletti, Treccani, Bonelli, Fumagalli, Morandi, Biraghi, Visconti, Riva, Campari, Falck – alle sind sie hier. Um das Famedio herum, jenes berühmte Pantheon, in dessen Innern Alessandro Manzoni ruht – umgeben von Monumenten für Carlo Cattaneo und Giuseppe Verdi –, steht fast schon eine Stadt in der Stadt. Hier liest man bekannte Zitate von Salvatore Quasimodo bis Francesco Hayez. Vielfältige Architekturstile reihen sich aneinander, doch um die schönsten Gräber zu entdecken, sollten Sie vom Podium des Famedio herabsteigen und an den ägyptisierenden Tempeln und den skulpturenähnlichen Bepflanzungen vorbeischlendern: ein Museum unter freiem Himmel.

Adresse Piazzale Cimitero Monumentale, 20154 Mailand | ÖPNV M5 Lila, Tram 12, 14, Bus 37, Haltestelle Monumentale; M2 Grün, Haltestelle Garibaldi | Öffnungszeiten Di–So 8–18 Uhr | Tipp Eigentlich befindet sich das Grab von Giuseppe Verdi in der Piazza Michelangelo Buonarroti, in der Krypta des Altersheims für Musiker, das der Komponist 1899 gründete.

20 Das CityLife

Messe der Stararchitekten

Seit einiger Zeit ist Mailand zur Hauptstadt der Stararchitekten avanciert – eine Modeerscheinung, aber allemal besser als zuvor. Nach den vielen Jahren der Feste, Gelage und Orgien, die der Begriff »Milano da bere« – wörtlich »das versoffene Mailand« – so gut trifft, gab sich die Stadt einen Ruck und legte einen anderen Gang ein.

Dies geschah in einem Anflug von Stolz oder in Erinnerung an seine glorreiche Vergangenheit als führende Industriestadt und Hauptstadt der Lombardei, die den internationalen Schauplatz der Expo 1906 gegeben hatte. Um die Auftragsverteilung hatte ein regelrechtes Rennen stattgefunden: 225 vorübergehende Ausstellungshallen wurden im damals modernen Jugendstil in den Gärten des Castello Sforzesco von den besten Architekten der Epoche erbaut. Seit damals heißen diese Gärten nach dem gerade eröffneten gleichnamigen Tunnel durch die Alpen Simplonpark. Es ist schade, dass die Pappmaschee-Hallen außer dem Städtischen Aquarium und dem Torre Branca sofort wieder abgerissen wurden. Ganz anders erging es dem Viertel Portello: Die Verwandlung der früheren Mustermesse wird dauerhaft sein, solange die Wolkenkratzer nicht einstürzen.

Hier entsteht der neue Wohn- und Finanzbezirk CityLife mit drei in sich gedrehten Türmen von Arata Isozaki, Zaha Hadid und Daniel Libeskind. Eine substanzielle Veränderung der Skyline: An klaren Tagen sehen Sie wie ehedem den Monte Rosa in der Ferne. Doch aus der Nähe betrachtet ähnelt das neue Kongresszentrum MiCo mit seiner wellblechartigen Fassade und den scheinbar vorläufigen Paneelen sehr den architektonischen Pappkameraden von 1906 – in diesem Fall allerdings aus anodisiertem Aluminium. Es wird »Komet« genannt, weil es dank der eingebauten LEDs Tag und Nacht leuchtet. Architekt Mario Bellini hat so ein außergewöhnliches Lichtspiel geschaffen, das einen 200 Meter langen silbrigen Schweif nach sich zieht. Besser Schweif als Fahne.

Adresse MiCo Centro Congressi, Eingang Gate 2 Viale Eginardo und Gate 17 Piazzale Carlo Magno, 20149 Mailand, www.micomilano.it | ÖPNV M 1 Rot, Haltestelle Amendola; Bus 78, Haltestellen Eginardo / Colleoni, Gate 2, und Colleoni / Gattamelata, Gate 17; Tram 27, Haltestelle Piazza 6 Febbraio, Gate 17 | Tipp Gegenüber von Gate 17 liegt die Radrennbahn Vigorelli, die »magische Piste«, die 1935 eröffnet wurde, deren Boden als einziger einer Radrennbahn weltweit komplett aus Holzleisten besteht und in der schon mehrfach Radrennen veranstaltet wurden. Der Eingang befindet sich in der Via Arona 19.

21 Corso Como 10

Das Haus der Galeristin

Modisch, international und – ja – ein wenig versnobt: Im Corso Como 10 befindet sich der Shopping- und Dining-Komplex der bekannten Mailänder Galeristin Carla Sozzani, der als einer der ersten Conceptstores der Achtziger damals als sehr innovativ galt – gemächliches Einkaufen in erlesenem Ambiente statt hastigen, nackten Konsums. Noch immer ist er eine angesagte Adresse bei Fußballspielern, Models und Stars jeder Art, auch wegen der Nähe zur Diskothek »Hollywood«. Mit seinem Restaurant, seinem Café, seiner Kunstbuchhandlung und seinem Modebasar voller Kuriositäten hat der Store mittlerweile etwas beinahe Gestriges, auch wegen den Veränderungen im Viertel, das nun von Hochhäusern dominiert wird.

Die Atmosphäre ist jene eines alten, geschmackvoll und modern eingerichteten Wohnhauses; ein Salon, in dem man lässig genießt. Zwar geht es hier überfüllt und teuer zu – aber es reicht ja, sich mit einem Espresso und einer Freundin auf einem Sofa niederzulassen und gemütlich zu plaudern. Den Eingang übersehen Sie leicht, er besteht nur aus einem von Efeu eingerahmten Türchen. Wollen Sie den Hof mit seinen Tischen im Freien betreten, so stolpern Sie beinahe über die vermeintlich unordentlich arrangierten Blumentöpfe und Vasen. Authentizität kommt hier von den kleinen Dingen.

Es lohnt sich, das ganze alte Haus zu entdecken, vom Fußboden aus buntem Harz, der hier und da Muscheln und andere Relikte aus dem Meer aufweist, bis hin zu den zeitlosen Skulpturen. Im Obergeschoss befinden sich die Buchhandlung und die Fotogalerie, die wahre Leidenschaft der Hausherrin. Das Highlight ist die wenig bekannte, wildromantische Dachterrasse, wenn sie denn geöffnet ist. Von hier haben Sie einen selten schönen Blick auf die Skyline der Piazza Gae Aulenti. Hinter den Wohnhäusern des alten Mailand ragt der stolze Turm der UniCredit zu den Wolken auf. Gute Aussichten für alle Himmelsstürmer.

Adresse Corso Como 10, 20154 Mailand | **ÖPNV** Porta M 2 Grün, Haltestelle Garibaldi | **Öffnungszeiten** Mo–So 10.30–19.30 Uhr (Do und Sa bis 21 Uhr), Bar und Restaurant 11–1 Uhr | **Tipp** Im Corso Como 15 befindet sich die Diskothek Hollywood, die für ihr Publikum aus Stars und Sternchen bekannt ist. Ein Klick auf die Homepage, und man kann sich die Klientel ansehen (www.discotecahollywood.it).

22 Der Dialog im Dunkeln

Das Wasser gibt es wirklich

Ein Spaziergang im Dunkeln, um die erstaunliche Welt der Sehbehinderten zu entdecken: Voller Geräusche, Gerüche und Leben ist sie. Unbeholfen wie ein Kind bei seinen ersten Schritten durchqueren Sie Ihre vertraute Umwelt, die Sie kaum wiedererkennen: eine Wiese, eine Straße, einen Park. Während Sie sich durch die Finsternis tasten, anderen auf die Füße treten und unter viel »'tschuldigung« und Gekicher den Blindenstock navigieren, verflüchtigt sich die übliche Hektik. Vielleicht weil Sie sich noch nie zuvor begegnet sind – Sie sehen sich ja nicht einmal jetzt –, fühlen Sie sich wie unter Freunden. Die blinde Frau, die die Führung macht, spielt ihren Trumpf aus: Sie beruhigt uns und stellt unsere Wahrnehmung auf die Probe, indem sie uns immerfort auffordert: »Berühre das struppige Fell des Pferdes, rieche an einer Frucht, steige in das Boot, aber pass auf die Stufen auf, denn das Wasser gibt es wirklich!« Im städtischen Chaos zwischen den Hupen und dem Lärm der Tram ist das nicht für jeden etwas.

Doch langsam kommt Licht ins Dunkel. Das Schwarz um Sie herum ist nicht »leer«, sondern »voll« von Objekten, Personen und emotionsreichen Begegnungen. Gerüche, denen Sie normalerweise keine Beachtung schenken, verraten die Anwesenheit von Gras, so wie man anhand der glatten oder rauen Rinde eine Pinie von einer Birke unterscheiden kann. Wenn Sie an einer Mauer entlanggehen, erkennen Sie am Luftstrom, ob dort eine Tür ist. Es ist keine andere Realität, sondern deren Neuentdeckung, gesehen mit anderen Augen: dem Tastsinn, Geruchssinn, Gehörsinn und dem Geschmack. Apropos Geschmack: Als schwierigste Prüfung der Sinne erweist es sich, Zucker in und nicht neben seine Espressotasse zu tun. Einmal am Cafénoir angekommen, ist die Angst vor der Dunkelheit passé, es muss nur noch gelingen, die Rechnung zu bezahlen. War Ihnen schon einmal aufgefallen, dass das 50-Cent-Stück größer ist als ein Euro?

Adresse Istituto dei Ciechi, Via Vivaio 7, 20122 Mailand, Tel. +39276394478, www.dialogonelbuio.org | ÖPNV M 1 Rot, Haltestelle Palestro e San Babila; Bus 54, 61, Haltestelle Monforte/Donizzetti | Öffnungszeiten Führungen, im Winter Di, Mi 9.45–16 Uhr, Do, Fr 9.45–16 Uhr und 18.30–20.30 Uhr, Sa 14.15–21, So 11.15–18.15 Uhr; im Sommer Di, Mi 14.30–18.30 Uhr, Do–Sa 14.30–20.30 Uhr | Tipp Im Cafénoir im Innern des Instituts ist es ebenfalls eine sehr besondere Erfahrung, im Dunkeln einen Aperitif zu sich zu nehmen – begleitet von Livemusik (Do–Sa ab 19 Uhr).

23_Die Diebe am Fenster

Glasermeister des Doms

Immer sind sie zu weit oben: Meist liegen die Fenster der Kathedralen nicht im Blickfeld. Andererseits war ihre Hauptaufgabe nicht ästhetischer, sondern praktischer Natur. Sie sollten das Licht filtern, das in die Kirchenschiffe fiel.

Der Kunst des Glasermeisters hätte die Geschichte mehr Respekt zollen sollen. Nun endlich wird die Zunft durch das Museo della Fabbrica del Duomo gewürdigt, auch dank dessen beeindruckender Ausstattung. Um den Saal der Glasfenster zu erreichen, gehen Sie durch ein Labyrinth aus Skulpturen. Ungeheuer und Drachen mit offenen Mäulern, sogenannte Wasserspeier, die die Funktion von Abflussrinnen übernahmen, starren Sie an, während Sie an verzierten Fialen jeder Form und Größe vorüberschreiten. Schließlich erreichen Sie Ihr Ziel.

Eine moderne Präsentation im Halbdunkel lässt die Farben von gut 32 von hinten beleuchteten Fenstergläsern aus der Zeit zwischen dem 12. und 16. Jahrhundert lebendig werden: Beispielsweise die zwei Räuber, den guten und den bösen, wie sie ans Kreuz gebunden werden. Der gute Dieb hebt seinen Blick, als würde er der göttlichen Hoffnung vertrauen, während der böse den Blick senkt, schmollend, mit einer Schlange (dem Teufel), die auf seinen Kopf speit. Der blaue Himmel des Hintergrundes wird von Arabesken aus kleinen Wolken beherrscht. Alles ist bis ins kleinste Detail dargestellt: die Muskeln des Oberkörpers, die goldenen Locken des Bartes, die erzwungene Beugung der Knie, der Druck auf das Becken durch die unbequeme Position. Ein Werk, das im 16. Jahrhundert von Meistern des nördlichen Stils verwirklicht wurde, Erben einer langen Tradition gotischer Kirchen. Ursprünglich befand es sich in den Apsidalfenstern des Doms und war neben der Kreuzigung Jesu dem Neuen Testament gewidmet. Im 19. Jahrhundert dann wurden die Diebe entfernt; heute kann man das wertvolle Werk des deutschen Gläsermeisters Corrado de'Mochis endlich von Nahem bewundern.

Adresse Museo del Duomo, Piazza Duomo 12, 20122 Mailand, Tel. +392860358, www.museo.duomomilano.it | **ÖPNV** M 1 Rot, M 3 Gelb, Haltestelle Duomo | **Öffnungszeiten** Di–So 10–18 Uhr (letzter Einlass 16.45 Uhr) | **Tipp** In der Via delle Ore 3, neben dem Arcivescovado, befindet sich das Ambrosianeum, ein kurioses zehneckiges Gebäude aus dem 16. Jahrhundert, in dem heute eine Stiftung ihren Sitz hat (www.ambrosianeum.org). Im Innern des Gebäudes befindet sich ein runder, von Säulen gestützter Saal.

24 Eataly

Das Shopping-Theater

Eataly, die fröhliche Anglisierung von »italienisch essen«, ist innerhalb weniger Jahre zum Gastro-Tipp par excellence geworden. Es ist eine andere Art, einzukaufen, die kleinen Produkte wertzuschätzen und zu ihnen eine direkte Beziehung aufzubauen. Vom Land an den Verkaufsstand, von der Mühle zum Backofen – das ist nicht nur eine gesunde Art zu essen, sondern auch ethisch und inspiriert zu Verantwortung und Nachhaltigkeit.

Sie brauchen nur im »Supermarkt« an der Piazza XXV Aprile Ihren Einkaufswagen an den Auslagen vorbeizuschieben, um es mit eigenen Augen zu sehen. Die Produkte sind thematisch und regional angeordnet. Beispielsweise die Süßigkeiten: Da wären die Kakaobohnen von Domori, die Nusscreme von Baratti & Milano, die Pistaziencreme von Bronte, ganz zu schweigen von der Antica Torroneria Piemontese. Wen die Lust nach dem kleinen Schwarzen überkommt, der gehe einfach an den Tresen der Rösterei.

Im Obergeschoss befinden sich die Salamis – die lombardische Spezialität schlechthin. Unwiderstehliche Düfte laden dazu ein, sich an die Tische des Restaurants zu setzen. Originell ist die große Schüssel mit apulischem, unglaublich frischem Mozzarella. Von Aceto Balsamico di Modena bis hin zu den frischen Nudeltaschen, vom Speck aus Colonnata bis zum Trüffel aus Alba bietet sich ein lukullisches Elysium dar – zum Mitnehmen oder Hieressen. Zudem wird eine große Auswahl an Kursen und Weinproben angeboten.

Die Umgestaltung des früheren Theater Smeraldo zu Eataly darf man als gelungen ansehen. Dort, wo früher einmal das Foyer, das Parkett, die Galerie mit Sesseln waren, befinden sich heute drei Ebenen mit Regalen voller Produkte mit Herkunftssiegel.

Alles spielt sich um die Bühne herum ab, die in die Mitte des Raumes gehoben wurde. Hier treten wechselnde Musikgruppen auf. Auch die Livekonzerte sind »kontrollierter Herkunft«. Weniger zuweilen die Lautstärke …

Adresse Piazza XXV Aprile 10, 20121 Mailand, Tel. +39249497301, www.eataly.it | **ÖPNV** Moscova, M 2 Grün, Haltestelle Garibaldi; Bus 37, Haltestelle Gioia / Garibaldi | **Öffnungszeiten** Mo – Do 10 – 24 Uhr | **Tipp** In dem Kellergeschoss der Via Giuseppe Marcora 8 findet der Flohmarkt »unter uns und euch« (tra noi e voi) statt. Hier darf jeder verkaufen und kaufen (Di geschlossen, www.almercatinotranoievoi.com).

25 Das Echo

Villa der nackten Lügen

Die Villa Simonetta, berühmt für ihr Echo, ist wie geschaffen dafür, eine Musikschule zu beherbergen. Marc'Antonio Dal Re schrieb bereits 1726 über die Vorstadtvilla des Mailändischen Staates: »Sie wirft die gleiche Stimme dreißigmal und öfter zurück«, und präzisierte, dass der Effekt nur »von einem Fenster des dritten Stockes in der Mitte des westlichen Flügels, das auf den Innenhof zeigt«, aus erzeugt werden könne. Also musste es wahr sein.

Die Villa wurde Ende des 15. Jahrhunderts als Landsitz für den Kanzler Ludovico il Moro errichtet und wurde 1547 in eine prunkvolle Residenz umgebaut, bevor der Besitz an die Familie Simonetta ging.

Der aufmerksam gewordene Schriftsteller Stendhal, der Italien gut kannte und liebte, verweilte dort und erklärte anschließend, sein versehentlich (wer weiß, ob nicht absichtlich) abgefeuerter Kanonenschuss sei fünfzig Mal widergehallt. Der Schritt hin zu Verliebten, die sich dort einfanden, um das Echo ihrer Liebesbekundungen zu hören, ist nicht groß. Immer mehr Geschichten kamen darüber in Umlauf, genährt von Goliarden-Feiern, die in der Villa außerhalb der Stadt stattfanden. Bei ihnen traf man die Sprösslinge der adligen Familien an – weit entfernt von neugierigen Blicken. So viele, dass die Villa im 19. Jahrhundert den eher weniger erhabenen Spitznamen »Villa dei Balabiott« (Villa der nackten Lügen) erhielt. Auf diese Zeit geht auch die Legende über die schöne Witwe Clelia Simonetta zurück, die angeblich ihre Liebhaber meuchelte.

Manche glauben tatsächlich, dass der Geist der Dame nachts durch die Säulen der zauberhaften Loggia streift – während die Echos der Liebesbekundungen sich verflüchtigten. Daran schuld waren die Bombardements während des Zweiten Weltkriegs, die die Residenz beschädigten und die tolle Akustik zerstörten. Die Musiker der Civica Scuola di Musica Claudio Abbado möchten diese wiederherstellen; Konzerte finden im Park statt.

Adresse Via Stilicone 36, 20154 Mailand, www.fondazionemilano.eu/musica, Tel. +392971524 | **ÖPNV** M2 Grün, Haltestelle Garibaldi und Lanza; Bus 78, Haltestelle Govone/Eugenio; Tram 12–14, Haltestelle Diocleziano | **Öffnungszeiten** Besichtigungen nach Vereinbarung oder bei Konzerten (siehe Website) | **Tipp** Die Akademie verfügt über eine mit Fresken bemalte Familienkapelle mit einer Mediathek im Innern – mit 8.000 verfügbaren Partituren (Tel. +39297152429, Öffnungszeiten Mo–Fr 10–12.30 Uhr und 14.30–17 Uhr) – und führt das Auditorium Lattuada im Corso Porta Vigentina 15/a (Tel. +39258314433).

26 Das ehemalige Irrenhaus

Garten des kreativen Wahnsinns

Obwohl die Tore der Psychiatrien seit Längerem geöffnet sind, nehmen Sie das unwohle Gefühl noch wahr, wenn Sie unter Linden zwischen den Gebäuden der ehemaligen psychiatrischen Anstalt Paolo Pini hindurchlaufen. »Ein Grenzpark«, erklärt Rosita, Gründungspartnerin des Vereins La Fabbrica di Olinda.

Jenseits der Straße befindet sich ein heruntergekommener Stadtteil, den man Quarto Oggiaro nennt. Dank Rositas Arbeit und der anderer Vereinsmitglieder ist der Park zu einer Werkstatt von Ideen und Begegnungen geworden, in der im Sommer ein Festival der Events stattfindet. Es trägt einen sehr passenden Namen: »Von Nahem ist keiner normal.«

Heiter daran ist das Teatro La Cucina; es findet in den ehemaligen Küchen des Instituts statt. Im Winter, wenn es keine Festivals gibt, sind hier Theatergruppen willkommen, die die Bühne für ihre Proben nutzen. Die Herberge (ganzjährig geöffnet) wird zur Festung von Schauspielern, Clowns, Mimen und Musikern; das Bistro dient ihnen als Esstisch.

Eine komische Gemeinschaft, die sich mit den Bewohnern des Viertels mischt, die hier spazieren gehen. Die leninistischen Plakate, die ein ehemaliger Patient hier aufhängte, beachten sie nicht weiter. Liebevoll nennen sie ihn »den Bolschewisten«. Etwas unwohl fühlte sich auch der mürrische alte Hahn, der plötzlich begann, nach den Waden der neuen Bauern der »gemeinschaftlichen Beete« zu picken, sodass man ihn in den Hühnerstall sperren musste. Hier werden Heilpflanzen, Tomaten, Paprika und anderes Gemüse angebaut. Ein Stück Land, das der Stadt entrissen wurde und auf dem es nicht immer akkurat, aber sehr wohl authentisch zugeht. Der ins Viertel eingefügte Park ist ein gutes Beispiel für Integration, genau wie Olinda, die unsichtbare Stadt von Italo Calvino, die in konzentrischen Kreisen wächst und nie einen Randbezirk aufweist. Hier lässt sich's munter durchs Grün spazieren und von Nahem unnormal sein.

Adresse Via Ippocrate 45, 20161 Mailand, Tel. +39266220171, www.olinda.org | **ÖPNV** M1 Rot, Haltestelle Affori | **Tipp** In der Stadt (Corso Buenos Aires 33) befindet sich das Birtolinda, ein Bistro im Teatro Elfo Puccini, das vom Verein Olinda geführt wird und Menschen mit psychischen Störungen integriert. Es ist wirklich sehr nett, hier Mittag zu essen oder einen Aperitif zu trinken, bevor man sich eine Aufführung ansieht (Mo–Fr 12–15 Uhr und an Abenden mit Aufführung ab 19.30 Uhr, www.elfo.org).

27 Der ehemalige Wasserflughafen

Das Meer der Mailänder

Das Meer ist weit weg, was macht man also im Sommer? Alle kommen zum Wasserflughafen Idroscalo: überall Sonnenschirme, Liegen, Picknicktische und Handtücher, die auf der Liegewiese am Ufer des künstlichen Sees bunte Sprenkel bilden.

Samstags und sonntags füllt sich der Sportpark der Mailänder. Nicht schwer zu verstehen, warum, denn einen so schönen und großen See gibt es nicht noch einmal in der Stadt. Jedenfalls dann, wenn man nicht jeden Freitagabend die Stadtflucht an die echten Strände übers Wochenende mitmachen will, die man damit bezahlt, sonntags bei der Rückkehr im Stau zu stehen.

Die Leute kommen hierher, um zu joggen, sich zu sonnen oder einfach ein bisschen Zeit im Freien zu verbringen. Es gibt Tennisplätze, Schwimmbecken mit schwindelerregenden Rutschen, Kletterwände, Schaukeln für Kinder, Rollschuhbahnen und viele Wiesen, die man nutzen kann, wie man möchte.

Das Gewässer liegt in unmittelbarer Nähe des Flughafens Linate. Von hier flogen früher auch Linienflüge und Wasserflugzeuge ab, Letztere starteten und landeten im Wasser wie heute noch in Kanada. Das war auch die eigentliche Funktion des Sees, als er 1926 entworfen wurde und Norditalien in Sachen Wasserflugzeuge Vorreiter war. Die Flugschule von Como ist die einzige heute noch aktive und zudem die älteste in Europa. Weniger ruhmreich dagegen nimmt sich das Schicksal des Mailänder Wasserflughafens aus, der sehr bald in ein Naherholungsgebiet umgewandelt wurde.

Gespeist wird der See mit Wasser aus dem Naviglio Martesana und einer Grundwasserquelle. 1960 wurde der See zum Star des Stadtbildes – als nämlich Luchino Visconti dort den erfolgreichen Film »Rocco und seine Brüder« mit Alain Delon drehte –, eine gewalttätige und traurige Szene, weit entfernt vom erholsamen Wasserpark von heute.

Adresse Via Circonvallazione Idroscalo (Strada Provinciale 14 Flughafen Linate), mehrere Eingänge, 20090 Segrate, Tel. +39270208197, www.idroscalo.info | **ÖPNV** Bus 73, Haltestelle Linate aeroporto; Bus 183, Haltestelle Villetta-Tribune-Punta dell'est-Bosco Nord; Sa und So Bus 930, Haltestelle Linate, So fährt der Bus 73 auch bis Idroscalo | **Öffnungszeiten** Sommer 7–21 Uhr, Winter 7–17 Uhr | **Tipp** Im Osten (Eingang 3 – Punta dell'Est) befindet sich ein Park mit Skulpturen, Werken im Freien von verschiedenen Künstlern, darunter Giacomo Manzù, Luciano Minguzzi, Paolo Delle Monache und andere, in Zusammenarbeit mit der Accademia di Brera und La Permanente.

28 Das »Erba Brusca«

Gemüsegarten auf dem Tisch

Früher einmal war das alles Land, teilweise auch heute noch, bewässert von den Fluten des Naviglio Pavese. Heute ist es ein Radweg, der bis Pavia führt und sich in einer flachen Landschaft mit Bauernhöfen verliert. Das »Erba Brusca« drängt sich dem Blick nicht auf, es befindet sich ein wenig entlegen in einer alten Osteria; der alte Boccia-Platz hat sich inzwischen in ein Beet mit Kräutern und Gemüse verwandelt.

Seit Danilo Ingannamorte und Alice Delcourt das Lokal 2011 übernahmen, hat sich viel verändert. Daran war das namhafte Restaurant Ratanà beteiligt.

»Wer uns kennt, weiß, was ihn erwartet, auch ohne Leuchttafeln«, sagt Danilo. In dem Gemüsegarten, der nicht einmal wirklich groß ist, befindet sich sogar Sauerampfer (»erba brusca«), eigentlich eher ein Unkraut, das normalerweise gejätet wird. Doch Alice liebt das wilde Aroma, das Gerichten eine leicht säuerliche Note verleiht – wie in einem ihrer anspruchsvollen Rezepte: Spaghetti mit Venusmuscheln, schwarzem Trüffel und Sauerampfer. Ein schönes Paar: er Sommelier, sie Köchin mit internationaler Erfahrung, die Gemüse kalibriert wie ein Alchemist. Die Tische draußen sind eingedeckt mit braunem, recyceltem Tischset wie in den alten Osterien. Es werden herrliche, doch ländlich schlichte Gerichte serviert, die sich nicht zu verkünstelt geben müssen, weil sie schlichtweg köstlich sind. In die Küche mit der Köchin am Herd kann man sogar hineinsehen, auch das spricht für sich. Am besten vertraut man widerstandslos auf ihre Phantasie. Die Karte – »Carte Blanche« – gibt nur den Preis an, ein bisschen wie in den neuen Pariser Bistros: 30 Euro für vier Gänge, komme, was da wolle, »Enjoy!«. Dazu die Anmerkung, für 22 Euro mehr bekomme man einen »blind ausgesuchten Wein«, sechs verschiedene Gläser, ausgewählt von Danilo. Das ist wohl die beste Art, Wein zu probieren. Wie gemacht für einen tollen Abend für ein anderes schönes Paar.

Adresse Alzaia Naviglio Pavese 286, 20142 Mailand, Tel. +39287380711, www.erbabrusca.it | ÖPNV M 2 Grün, Haltestelle Abbiategrasso und 1,4 Kilometer zu Fuß; Bus 79, Haltestelle Chiesa Rossa/Conca Fallata | Öffnungszeiten Di–So mittags und abends (Di-Abend Livejazz) | Tipp Bäcker der Erba Brusca ist Davide Longoni, der seine Bäckerei in der Via Tiraboschi 19 hat. Sie ist auch sonntagmorgens geöffnet. Natürlich nur Bio-Mehl. (www.panificiodavidelongoni.com)

29 Die Fabbrica del Vapore

Dampfhammergut

Unter den lebhaften Mailänder Institutionen ist die Fabbrica del Vapore (Dampffabrik) eine Heißschmiede für Initiativen, Begegnungen und Darbietungen jeder Art. Sie befindet sich in einem ehemaligen Industriegebiet, in dem bis 1936 Einzelteile für den Bau von Trams und Zügen hergestellt wurden, in der Zone Procaccini. Es ist ein altes Arbeiter- und Bürgerviertel, das einmal am Rande der Stadt lag, nun aber nur noch einen Katzensprung vom Zentrum entfernt ist. Hier stehen Wohnhäuser, die noch nicht zu Edel-Büros umgestaltet wurden. Vor den mit bunten Luftballons bemalten Rollläden, die auf den 12.000 Quadratmeter großen Platz hinausgehen, fährt noch die alte Tramlinie mit tückisch unregelmäßigen, über das Pflaster hinausstehenden Gleisen, eine Gefahr für alle Rad- und Rollerfahrer.

Im Sommer finden hier viel besuchte Konzerte und andere Veranstaltungen statt. Die ehemaligen Lagerhallen um den Platz bieten Raum für 14 sehr vielseitige Kulturwerkstätten. Als Non-Profit-Verein zusammengeschlossen, haben sie es sich zur Aufgabe gemacht, zum Experimentieren mit den verschiedenen Künsten aufzurufen: Fotografie, Musik, Theater, Tanz, Kabarett, Design, kreatives Schreiben und vieles mehr. Der Phantasie sind keine Grenzen gesetzt. Die bekannteste unter den Gruppen ist »Studio Azzurro«, renommiert für ihre einflussreichen Videoinstallationen; sie spielt eine wichtige Rolle in der europäischen Theaterszene.

Der Ort der Kultur, den die Stadtverwaltung finanziert, richtet sich vor allem an ganz junges Kreativpotenzial; Ideen sollen hier vom Himmel der Inspiration niedersausen wie einst die Dampfhammer der Fabrik. Die jungen Talente danken es; hier schlagen frische Ideen und Konzepte Funken – und sind zu besichtigen. Auch wenn Sie sich nicht in einer Werkstatt oder für ein bestimmtes Event angemeldet haben, so gibt es hier doch immer etwas zu sehen, was junge Leute »Hammer« nennen.

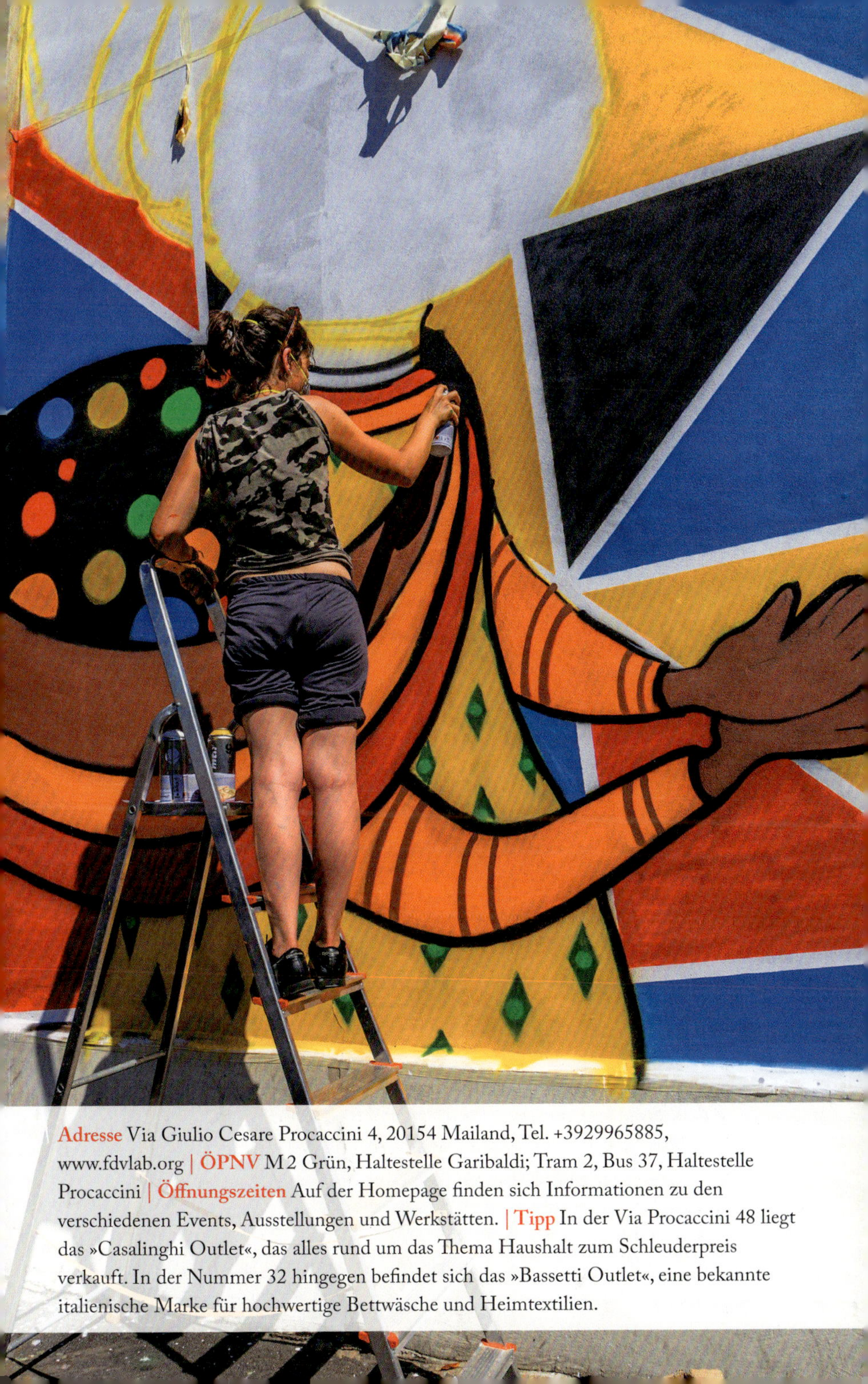

Adresse Via Giulio Cesare Procaccini 4, 20154 Mailand, Tel. +3929965885, www.fdvlab.org | **ÖPNV** M2 Grün, Haltestelle Garibaldi; Tram 2, Bus 37, Haltestelle Procaccini | **Öffnungszeiten** Auf der Homepage finden sich Informationen zu den verschiedenen Events, Ausstellungen und Werkstätten. | **Tipp** In der Via Procaccini 48 liegt das »Casalinghi Outlet«, das alles rund um das Thema Haushalt zum Schleuderpreis verkauft. In der Nummer 32 hingegen befindet sich das »Bassetti Outlet«, eine bekannte italienische Marke für hochwertige Bettwäsche und Heimtextilien.

30_Die Fashion Outlets

Tipp für next Topmodels

Schuhe, Kleidung, Accessoires – die Stadt der Mode kennt keine Krise. Das jedenfalls ist der Eindruck, der sich Ihnen aufdrängt, wenn Sie hier durch die Straßen des »quadriletto« zwischen der Via della Spiga und Montenapoleone laufen. Ein Museum für Luxus, das Taschen und Kleider ausstellt, als wären sie Kunst. Es lohnt sich, das Viertel vom kleinen Schuhgeschäft in der Via San Maurillo bis zu den Stoffen von Lisa Corti, die die Kultur einer ethnischen Reise mit der Energie der Farben vereint, zu erkunden.

Schaufenster wie Sammlervitrinen, Läden wie prunkvolle Salons: Röcke, Pullover, Frauenschuhe mit gewagtem Absatz, zu denen man ausgesuchte klassische oder Hightech-Accessoires hinzufügt, von der Brille bis zur Uhr. Der Fashiongarten aus Spiegeln, Tüchern und Farben erinnert an »Alice im Wunderland«.

Meist jedoch fehlt der Mut, die Schwelle zu überschreiten. Also gibt es zwei Lösungen: Bis zum Schlussverkauf warten und sich in lange Schlangen von Shopaholics einreihen – oder Sie fahren ins Outlet. In Mailand gibt es viele, das ist selbstverständlich für die europäische Modehauptstadt, die vom Shoppen nicht einmal in Krisenzeiten lassen kann. Allerdings sollten Sie schon die richtigen Outlets ausfindig machen.

Bei San Babila etwa gibt es das Temporary, das so gar nicht temporär ist, die Kette D-Magazine, die über einen sehr zentralen Sitz mit drei Läden verfügt, und das Il Salvagente, das Mode »made in Italy« mit bis zu 60 Prozent Rabatt anbietet.

Erwarten Sie keine eleganten, gepflegten Schaufenster, dafür aber können Sie, wenn Sie Zeit und Geduld haben, die Stapel durchwühlen und hochwertige Teile finden: Pullover von Roberto Cavalli, Krawatten von D&G, Täschlein von Miu Miu, Röcke von Prada. Es gibt nur die Größen, die da sind, doch wenn sich die Gelegenheit bietet, sollte man zuschnappen. Auch beim Shoppen braucht man ein bisschen Glück.

Adresse Il Salvagente: Via Fratelli Bronzetti 16, 20129 Mailand, D-Magazine Outlet: Via Alessandro Manzoni 44, 20121 Mailand | ÖPNV Il Salvagente: M 1 Rot, Haltestelle Porta Venezia; D-Magazine Outlet: M 3 Gelb, Haltestelle Montenapoleone | Öffnungszeiten Il Salvagente: Mo 15–19 Uhr, Di–Sa 10–19 Uhr; D-Magazine Outlet: Mo–So 10–19.30 Uhr | Tipp Die Kreationen aus indianischem Stoff von Lisa Corti sind große Klasse (Via Lecco 2, 20124 Mailand, Tel. +39220241483, www.lisaconti.com).

31 Das Fernrohr

Achse des Schönen

Die Mailänder nennen sie »das Fernrohr«: Die Rede ist von einer Achse quer durch den Simplonpark zwischen dem Triumphbogen und dem Castello Sforzesco. Eine beeindruckende Aussicht aus jeder Richtung. Im Süden ist die Abfolge der mittelalterlichen Portale pointierter. Im Norden erstrahlt der neoklassizistische Triumphbogen Arco della Pace, ein Werk Luigi Cagnolas, in prächtigem Marmor. Sonntags füllt sich der Park mit flanierenden Familien, auch weil die Anlage so zentral liegt und von überallher erreichbar ist.

Traditionell erzählen Väter ihren Söhnen unter dem so mächtigen wie prächtigen Bogen die Geschichte des italienischen Risorgimento. Hier ritten 1859 der französische Kaiser Napoleon III. und der zukünftige König Italiens Vittorio Emanuele von Savoyen nach der siegreichen Schlacht von Magenta hindurch. Doch eigentlich wurde das Monument nicht von ihnen initiiert. In Auftrag gegeben wurde es im Jahr 1807, ursprünglich um die Siege Napoleons zu feiern. Doch die Geschichte wollte es anders: Das Monument wurde flugs umgewidmet und ehrt nun den Frieden zwischen Italien und Österreich nach dem Wiener Kongress 1815. Hervorgehoben wird das Gewicht des Ereignisses durch die prestigeträchtige Sestriga in Bronze von Abbondio Sangiorgio auf dem Tor. Zu Beginn waren die sechs Pferde nach Norden ausgerichtet – Richtung Frankreich –, der Verlauf der Historie jedoch schwenkte die Rösser in die entgegengesetzte Richtung.

In Erinnerung bleibt den Söhnen meist nur die grandiose Aussicht. Das »Fernrohr« ist eben ein Mega-Blickfang, der die Stadt und die Jahrhunderte durchzieht, vom alten Herzog Sforza bis zum Friedensbogen, durch den die französischen Truppen ritten. Die Kinder wären sicher hellauf begeistert, könnte man mittelalterliche Ritter mit ihren Standarten und schweren Rüstungen aus dem Schloss durch den Park galoppieren sehen. Das wäre doch mal eine Geschichtsstunde!

Adresse Largo Benedetto Cairoli (Süden), Piazza Sempione (Norden), 20154 Mailand | **ÖPNV** M1 Rot, Tram 1, Haltestelle Cairoli-Castello; Tram 1, 19, Haltestelle Arco della Pace | **Tipp** Inmitten des Parks (bei der Via Cervantes) befindet sich ein Pavillon aus den 50er Jahren mit einer Stadtbibliothek, in der man sich ausruhen und lesen kann. Die Verzierungen stammen von Bruno Munari (Öffnungszeiten Di und Do 9.30–14.30 Uhr, Mi und Fr 14–19 Uhr, Sa 10.30–18.30 Uhr).

32 Die Fialen des Boxers

Ringkampf auf dem Dom

Wer hätte gedacht, dass zwischen den Fialen des Doms auch Boxkämpfe stattfinden? Es handelt sich hier nicht um ein Sinnbild, sondern um die Darstellung der Feierlichkeiten zu Ehren eines waschechten Ringkämpfers: Primo Carnera, der 1933 als erster Italiener den Weltmeistertitel im Schwergewicht gewann. Ein unbekannter Bildhauer der Veneranda Fabbrica del Duomo, der zu jener Zeit die Fialen des Doms restaurierte, erhielt den Auftrag, seine Arbeit dem Champion zu widmen. Er formte das Event aus edlem Candoglia-Marmor, vielleicht auch auf Anweisungen Benito Mussolinis hin. Dieser nämlich machte sich den Erfolg des Sportlers zunutze, der der »gute Riese« genannt wurde (Carnera war über zwei Meter groß und wog 120 Kilogramm). Er machte ihn zu einem Helden der faschistischen Propaganda. Damit der Marmor-Carnera nicht so allein ist, leistet ihm ein anderer berühmter Boxer Gesellschaft: Ermino Spalla.

Wenn man vom Platz aus den Blick den Terrassen zuwendet, um die Fialen zu bewundern, die in den Himmel ragen – feingliedrige Statuen und Verzierungen –, denken alle, es handle sich bei ihnen nur um Bibelfiguren. Es ist auch recht unglaublich, dass sich in all dieser Pracht aus Marmor, die die Herrlichkeit Gottes lobpreisen soll, eine derart profane Szene verbirgt.

Doch das ist nicht die einzige Überraschung. Tatsächlich sind die Fialen so sehr der Erosion durch atmosphärische Einflüsse ausgesetzt, dass sie ständiger Erhaltungsmaßnahmen bedürfen, die oftmals auch das ursprüngliche Aussehen verändern. Man braucht nur das Dach des Doms zu besichtigen. Zwischen den Figuren der Heiligen, Dämonen und Festonen lugt hier ein moderner Tennisschläger mit dazugehörigem Ball hervor, dort ein halb nacktes Mädchen, das im Begriff ist, seinen Sockel zu verlassen, um zum Verlobten zu gelangen, der auf der anderen Seite das Gleiche unternimmt. Das alles unter dem aufmerksamen Blick der Madonna.

Adresse Eingang Terrazze del Duomo, Piazza Duomo (auf der linken Seite), 20122 Mailand, www.duomomilano.it | **ÖPNV** M 1 Rot; M 3 Gelb, Tram 16, 12, 27, Haltestelle Duomo; Tram 2, 14. Haltestelle Torino | **Öffnungszeiten** Mo–So 9–18.30 Uhr, Mai–Sept. Fr, Sa bis 22 Uhr | **Tipp** Um seinen Namen in die Geschichte des Doms zu schreiben, muss man nur eine Fiale »adoptieren«, indem man spendet (adottaunaguglia.duomomilano.it).

33 Der Finger

Alles, was rechts ist

Ein Ärgernis, dieser Hingucker: Wie erwartet, erregte die Skulptur von Maurizio Cattelan auf der Piazza Degli Affari viel Aufsehen. Die Stadtnachrichten des »Corriere della Sera« und der »Repubblica« überboten sich gegenseitig mit sarkastischen Kommentaren und wetteiferten mit Interviews zwischen den Befürwortern und Gegnern um die Gunst des Skandalpublikums. »Alles, was recht ist«, sagten sich die rechtschaffenen Mailänder, »den Bankrott von Lehman Brothers konnten wir ja noch wegstecken, aber das Palazzo della Borsa, das Herz des italienischen Finanzwesens, mit einer derart vulgären Geste zu schmücken, das geht zu weit!« Damit sei ja zu rechnen gewesen, denn Cattelan sei einfach so, man hätte eben nicht ihn darum bitten sollen, so die Empörten weiter.

Am lustigsten waren die Beiträge zu seiner Verteidigung: Die Skulptur gemahne etwa an eine klassische Statue, die einen salutierenden römischen Soldaten nach Verlust seiner anderen vier Finger darstelle. Auch der Name des Werkes ist Salz in der Wunde: L.O.V.E. steht für Liebe, aber auch für Libertà-Odio-Vendetta-Eternità (Freiheit-Hass-Rache-Ewigkeit); es wurde aus weißem Marmor von Carrara gefertigt, monumentale 11 Meter hoch. Stilistisch lehnt es sich an den Faschismus an.

Obwohl alle inzwischen nur noch »il dito« sagen, um sich auf die wenig elegante Geste zu beziehen, so stellt die Hand laut Schöpfer einen entkräfteten faschistischen Salut sowie die Missbilligung solcher Ideale dar. Enthüllt wurde die Statue bei einer Ausstellung im Palazzo Reale mit dem Thema »Gegen Ideologien«. Der Bürgermeister rechtfertigte sich damit, dass es sich um zeitgenössische Kunst handle, während andere vorschlugen, das Werk im Hof des zukünftigen Museums für zeitgenössische Kunst zu »verstecken«. Cattelan selbst beharrt, die Skulptur sei ein Geschenk an die Stadt, solange sie dort bleibe, wo sie jetzt sei. Die Zeit spielt ihm in den Finger …

Adresse Piazza Degli Affari, 20123 Mailand | **ÖPNV** M 1 Rot, Haltestelle Cordusio; Tram 16, 27, Haltestelle Dante/Meravigli | **Tipp** In der Hausnummer 12 der Piazza Borromeo befindet sich das alte Backsteinhaus der Familie Borromeo (13. Jahrhundert). Schreitet man durch die Eingangshalle, so kann man den Hof bewundern, der teilweise noch heute mit Fresken aus jener Zeit verziert ist.

34 Das fluoreszierende Licht

Dom im Neon-Schein

Die zwei prosaischen Gebäude des Palazzo dell'Arengario sind dem Dom zugewandt wie Wachen, doch scheinbar angewidert von der exzessiven Ästhetik der Kathedrale. Strenge Richter, deren Nüchternheit im Gegensatz zu der großen Ansammlung von dekorativem Blendwerk, Fialen, Statuen und diabolischen Tierfiguren steht. Aus Sicht der faschistischen Architektur der 1920er Jahre ein unerträgliches Sinnbild. Hier wurde versucht, die barocke Piazza zur Bühne der Duce-Reden zu machen.

Das Projekt von 1937 haben die Architekten Portaluppi, Muzio, Magistretti und Griffin entworfen, während die Dekorationen an der Fassade von Arturo Martini stammen. Wenn man genau hinsieht, merkt man, dass die zwei quadratischen Türme eine Bresche bilden, die sich direkt dem Bogen der Galleria Vittorio Emanuele gegenüberstellt. Die Außenmauern sind mit dem gleichen hochwertigen Marmor aus Candoglia verkleidet, der auch schon fünf Jahrhunderte zuvor zum Bau des Doms verwendet worden war. Der Bau erforderte ein Kanalsystem, das bis ins Zentrum der Stadt reichte. Heute wird diese Schlichtheit wieder als ausgesprochen modern empfunden.

Das Gebäude wirkt durch die Abfolge der Fenster auf zwei Ebenen, durch die Licht hineinfällt, leichter. Heute befindet sich das Museum des 20. Jahrhunderts hier. Licht ist ein dominierendes Element der Piazza: von dem, das von den Volieren der Galleria Vittoria Emanuele kommt, bis hin zum weißen Marmor des Doms, das die Sonne bei Tag und der Mond bei Nacht reflektiert.

Eine weitere Lichtquelle wurde 2011 hinzugefügt, 100 Jahre nach der Veröffentlichung des Futuristischen Manifests: das fluoreszierende Licht von Lucio Fontana, entworfen 1951 für die Freitreppe des Hauses der Triennale. Es bestand aus 130 Metern Neon, das wie Arabesken gewunden und gewickelt war. Es befindet sich im obersten Stock des Arengario, und sein Licht erreicht den Domplatz durch die Fenster.

Adresse Piazza Duomo, 20121 Mailand, www.museodelnovecento.org | ÖPNV M 1 Rot, M 3 Gelb, Haltestelle Duomo | Öffnungszeiten Mo 14.30–19.30 Uhr; Di, Mi, Fr, So 9.30–19.30 Uhr; Do und Sa 9.30–22.30 Uhr (Einlass bis eine Stunde vor Schließung) | Tipp Im Corso Monforte 19 befindet sich der Showroom Artemide, führend im Lampen-Design. In der Via San Damiano 3 befindet sich der Showroom von Guzzini.

35 Die Galerie Italiens

Schätze im Banktresor

Hinter den Messingtüren des historischen Sitzes der Banca Commerciale befinden sich Bilder von Afro, Vedova, Capogrossi, Guttuso, Melotti – den bedeutendsten Künstlern aus dem Italien des 20. Jahrhunderts nach 1945. Es sind Werke, die von der Bank, die heute zur Gruppe Intesa San Paolo gehört, gesammelt wurden, um ihre Filialen im Ausland zu zieren. Aus moderner Sicht sehr großzügig! Den Italienern blieben sie lange verborgen, da sie sich in den Filialen jenseits der Alpen befanden. Mittlerweile wird die Sammlung in prächtigen Gebäuden Italiens aufbewahrt, eines davon ist die Scala. So entstand das Projekt »Galerie Italiens«, das richtiger »Italien in der Galerie« heißen sollte. In Mailand trifft Pop Art auf Konzeptkunst, Transavantgarde und Arte Povera – in einem Rahmen aus Säulen und Marmor des Jugendstils.

Der Geheimtipp jedoch wird im Untergeschoss aufbewahrt, im ehemaligen Tresor der Banca Commerciale. Sie steigen die Treppen mit dem roten Teppich hinunter und erreichen so die Krypta der Barren und Juwelen. Der Tresor wird von einer massiven Stahltür geschützt, der die vermögendsten Mailänder ihre Schätze anvertrauten. An ihrer Stelle befinden sich nun 500 Kunstwerke, die im oberen Stockwerk keinen Platz mehr fanden.

Doch wer davon ausgeht, sie wären dort untergebracht worden, weil sie weniger bedeutend seien, irrt gewaltig: Nichts Geringeres als ein später Picasso etwa oder ein Cretto Nero von Burri hängen an den Schiebegittern, in denen früher einmal die Sicherheitskassetten aufbewahrt wurden. Einen Tag im Monat ist der Tresor geöffnet. Schwierig ist nur zu entscheiden, ob man dem Guide zuhören möchte, während er über Balla, Carrà und Sironi spricht, oder lieber den von ionischen Säulen und Jugendstilgeländern durchzogenen Raum bewundert. Hier auch holten die adligen Damen ihre Brillantencolliers, die sie in der Scala trugen, etwa wenn die Callas sang. Die Kunst ist reich.

Adresse Piazza della Scala 6, 20121 Mailand, Tel. +39800167619, www.gallerieditalia.com | **ÖPNV** M 1 Rot und M 3 Gelb, Haltestelle Duomo; Tram 1, Haltestelle Manzoni | **Öffnungszeiten** Galerie Di–So 9.30–19.30 Uhr, Do bis 22.30 Uhr; Tresor jeder dritte Do im Monat 17–21 Uhr (Führungen reservieren bei Civita, Tel. +39243353525) | **Tipp** Über denselben Eingang gelangt man zum prächtigen Palazzo Anguissola aus dem 18. Jahrhundert. Hier werden Landschaftsmaler aus dem 19. Jahrhundert ausgestellt, die Mailand und die Lombardei porträtieren. Am Ausgang befindet sich ein Bar-Restaurant, ein schöner Ort zum Entspannen.

36 Die Galleria Campari

Flüssige Geschichte

Nicht nur der Aperitif fließt hier, sondern vor allem die Geschichte jener Flasche, die von Fortunato Depero 1928 designt wurde und von Campari seit 1923 produziert wird. Es ist eine Geschichte von Tradition und Glamour, die vor 150 Jahren begann. Als Grafikdesign noch in den Kinderschuhen steckte, entwarf Bruno Munari den Schriftzug »Campari« mit kleinen und großen Buchstaben. Bereits bei der Einweihung der roten Metro 1964 prangte er in den Stationen und war aus dem fahrenden Zug zu sehen.

Heute können Sie in der Galerie von Sesto San Giovanni etwa zehn der von den damals kreativsten Köpfen entworfenen Originalplakate bewundern. Sie stehen symbolisch für das trinkfreudige »Milano da bere« der Belle Époque.

Die Galerie ist ein verlockender Ort in Rot auf zwei Ebenen, der die Geschichte des Drinks illustriert. Untergebracht ist sie in einer alten Fabrik aus Ziegelsteinen aus dem Jahr 1904. Ein Korridor aus Plakaten und interaktiven Bildschirmen zeigt den Wandel der Marke: Von den Männern mit langen Schnurrbärten des Adolfo Hohenstein ausgehend bewegt sie sich zwischen Realismus und Jugendstil hin zur träumerischen Grafik von Depero. Letztere entstand in einer Zeit, in der man Cordial und Bitter mit den futuristischen Freunden Marinetti und Boccioni in der Bar der Galleria Vittorio Emanuele trank. Es handelte sich noch nicht um das »Camparino«, sondern um das erste Lokal, das Gaspare Campari 1867 eröffnete. Auch das Männlein von Depero, das »zerstreut den BITTER von CAMPARI trinkt«, ist hier zu sehen; Werbung, die ihrer Zeit voraus ist, ironisch und unvorhersehbar wie die futuristische Bewegung, die sich um die Zeitschrift »Parole in Libertà« sammelte. Das Haus Campari ging mit der Zeit, umgab sich mit den besten Illustratoren und brachte seinen Aperitif in die Salons eines sich verändernden Mailand, das immer mondäner wurde – zwischen emanzipierten Frauen, Durst und flüssigem Spaß.

Adresse Viale Antonio Gramsci 161, 20099 Sesto San Giovanni (MI), Tel. +39262251, www.campari.com | ÖPNV M 1 Rot, Haltestelle Sesto Rondò | Öffnungszeiten Di, Do, Fr mit Führungen 14, 15.30, 17 Uhr, am ersten Sa im Monat 10, 11.30, 14, 15.30, 17 Uhr (fremdsprachliche Touren muss man vorher ankündigen) | Tipp Die alte Villa Campari befindet sich auf der Nordseite des Parks, in dem sich heute ein elegantes Restaurant mit Außenbereich befindet. Bei Veranstaltungen werden Menüs mit Thema vorgeschlagen wie etwa das futuristische Abendessen (Via Davide Campari 23, Tel. +39222471108, www.villacamparиristorante.it).

37 Die Gärten der Guastalla

Das älteste Grün Mailands

Die Schülerinnen, die hier blaumachen, haben keinen schlechten Geschmack, wenn sie in die Gärten der Guastalla gehen, einer bildhübschen Ecke Grün. Der erste städtische Park wurde 1938 angelegt, nachdem die Stadt Mailand ihn gekauft hatte. Damals wie heute geht man unter dem duftenden Laubwerk der großen Linden und Buchen auf Pfaden zwischen Hecken, Brunnen und Rabatten. Die ganze Pracht ist kreisförmig um das große barocke Fischbecken angelegt, das von einer niedrigen marmornen Balustrade aus Säulen umgeben ist, wie es damals üblich war. Bis vor ein paar Jahren gab es hier Seerosen; man konnte Fische dicht unter der Wasseroberfläche schwimmen sehen.

Der Park ist ein Musterbeispiel eines italienischen Renaissance-Gartens im Stil der lombardischen Vorstadtvillen. In Wahrheit handelt es sich um ein Mädcheninternat, das von Gräfin Guastalla ins Leben gerufen wurde, um dafür zu sorgen, dass die Mädchen, die dem verarmten Adel angehörten und die Einrichtung nicht bezahlen konnten, trotzdem in den Genuss von Bildung kamen.

Der botanische Teil mit über vierzig Baumarten präsentiert zu jeder Jahreszeit andere Farben – Platanen, Magnolien oder Tulpenbäume. Hier und da finden sich Statuen und sogar ein kleiner Tempel, auf dem leider Sprayer ihre Tags hinterlassen haben. Auch eine Kapelle aus dem 17. Jahrhundert befindet sich hier, darin eine Gruppe Statuen, die die heilige Magdalena mit Engeln darstellen.

Der alte Garten der Gräfin befindet sich im Schutz des alten Krankenhauses Ca' Granda, der heutigen staatlichen Universität. Wenn die Sonne scheint, trifft man sehr wahrscheinlich auf das ein oder andere Schulmädchen, das auf einer Parkbank liegt, liest und die Sonne genießt; auf eine Gruppe Studenten, die Panini essen, oder Arbeitskollegen, die ihre Mittagspause hier verbringen und ein bisschen frische Luft schnappen. Eine wunderbare Pause, man muss nur eine freie Bank finden.

Adresse Via Francesco Sforza, 20121 Mailand | **ÖPNV** Tram 12, 23, 37, Haltestelle Largo Augusto; Bus 94, Haltestelle Sforza Ospedale | **Öffnungszeiten** Nov.–Feb. 7–19 Uhr, März 7–20 Uhr, April 7–21 Uhr, Mai–Sept. 7–22 Uhr, Okt. 7–21 Uhr | **Tipp** Auf der anderen Straßenseite sehen Sie die Überbleibsel der Ponte dell'Ospedale über dem alten Naviglio (über den inzwischen eine Straße verläuft), der das Krankenhaus (heute die Universität) mit dem Friedhof in der Rotonda della Besana verband.

38 Die Gärten der Villa Real

Erwachsene nur mit Kindern

Das Schild am Eingang zum Park macht es deutlich: Um einzutreten, darf man höchstens zwölf Jahre alt oder muss in Begleitung eines Kindes sein. Die entzückenden Gärten an der Via Palestro neben der Galleria d'Arte Moderna sind eine überraschende Oase der Ruhe.

Ende des 18. Jahrhunderts wurden sie vom Wiener Architekten Leopold Pollak für den Herzog Lodovico Barbiano di Belgiojoso und vor allem für dessen Frau geplant. Hier spaziert man auf von Steinen gesäumten Pfaden den See entlang, im Schatten der großen Bäume, unter Holzbrücken und über Hügel, die extra aufgeschüttet wurden, um eine abwechslungsreiche Landschaft zu formen. Damals wird das noch natürlich ausgesehen haben, ganz nach dem Vorbild der englischen Gärten: Wäldchen aus Zedern, Kirschbäumen, Platanen und Zürgelbäumen. Statuen, falsche Ruinen und ein kleiner klassischer Tempel erfreuten die adligen Damen, die hier ein wenig spazieren konnten, ohne ihre edle Blässe der Sonne auszusetzen.

Nur direkt neben dem Haus dehnt sich eine sonnenüberflutete Wiese aus, um Tageslicht durch die großen Fenster in das Gebäude zu lassen. Die gesamte Fassade hebt die Eleganz der neoklassizistischen Villa hervor, die so prachtvoll ist, dass Napoleon Bonaparte sie als seine Mailänder Residenz wählte. Doch die Kinder interessiert das weniger; sie ziehen die kleinen Bäche voller Stockenten vor, die Richtung See plätschern. In dem kleinen Teil, der zu einem Spielplatz umgebaut wurde, neben den Schaukelpferden und den Wippen, erahnt man – halb verborgen von den Bäumen – die weißen, lebensgroßen Statuen von Fausto Melotti. Das Werk heißt »Sette Savi« und ist die einzige Verbindung zum Padiglione d'Arte Contemporanea: Es sind auch die einzigen Erwachsenen, die hier im Park ohne Kinder zugelassen sind – neben den Pärchen, die das Schild nicht gelesen haben, wie sich versteht.

Adresse Via Palestro 14, Mailand | ÖPNV M 1 Rot, Haltestelle Palestro; Bus 61, 94, Haltestelle Cavour | Öffnungszeiten Nov.–April Mo–So 9–16 Uhr, Mai–Okt. Mo–So 9–19 Uhr | Tipp In den Giardini Pubblici gegenüber, im ehemaligen Treibhaus des Palazzo Dugnano, befindet sich das Biolab »Garten der Wissenschaften« zum Mitmachen für Kinder (Eingang in der Via Daniele Manin 2/a, Öffnungszeiten täglich 9–13 Uhr und 13.30–17 Uhr).

39 Die Gasse der Wäscher

Herren der Kernseife

Zerstören wir das Vorurteil, dass kniende Frauen am Flussufer die Wäsche mit Kernseife durchwalkten. Im 19. Jahrhundert, in Mailand jedenfalls, war dem nicht so, denn Wäschewaschen war eine Männerarbeit.

Die Familien, die es sich leisten konnten, füllten Körbe mit Wäsche und brachten sie zur Bruderschaft der Wäscher. Der Verband geht zurück auf das 18. Jahrhundert und bestand tatsächlich nur aus Herren. Auch konnte die Bruderschaft auf einen eigenen Schutzheiligen zählen, Sant'Antonio da Padova. Ihm ist einer der Altäre in der Kirche Santa Maria delle Grazie am Alzaia Naviglio Grande gewidmet, unweit ihres Arbeitsplatzes, der immer noch Vicolo dei Lavandai (Gasse der Wäscher) heißt.

An dieser Ecke des Naviglio, nahe der Porta Ticinese, ist etwas Historisches erhalten: ein gepflasterter Platz ohne Straßenmündung, umrandet von Pflanzen, auf den drei Höfe und die Tore der Lagerhallen hinausgehen. Im Mailänder Dialekt heißen sie »sciostra«, dort wurden die Waren mit Schleppkähnen angeliefert.

Auf der anderen Seite fließt das Bächlein, »el fosset«, das sein Wasser direkt aus dem Naviglio bezieht. Noch immer stehen die Waschbretter aufgereiht unter einem Holzdach. Später wurden sie von Frauen benutzt. Bis in die 50er konnte man sie mit Kübeln kommen oder auf ihren Steinsitzen oder im Knien die Wäsche im Wasser durchkneten sehen, wie sich noch die alten Geschäftsleute der Gegend erinnern. Ein Foto von 1957 zeigt den Schriftsteller Georges Simenon mit Wäscherinnen im Hintergrund.

Schon damals galt es als ein eindrucksvolles Viertel des alten Mailand, das Dichter und Schriftsteller inspirierte. Die alte Drogerie, die Bürsten, Seife und Bleichmittel verkaufte, beherbergt heute ein kleines Restaurant, doch die Decke und der Raum sind dieselben. Auch interessant: die alte Wäscheschleuder aus dem frühen 20. Jahrhundert, in der die Wäsche auf dem Hof getrocknet wurde.

Adresse Alzaia Naviglio Grande, Vicolo dei Lavandai, 20144 Mailand | ÖPNV M2 Grün, Haltestelle Porta Genova; Tram 14, 19 und Bus 74, Haltestelle Cantore/Porta Genova; Tram 9, Haltestelle Gorizia | Tipp Man erreicht das Vicolo dei Lavandai durch die Via Vigevano 9. Eine Abfolge von schönen gepflasterten Höfen enthüllt die Faszination der alten Häuser der Navigli. Öffnet man das Tor am Ende, kommt man auf das Vicolo.

40 Das Gleis 21

Der Geisterzug in der Stazione Centrale

Mit seiner feuchten, dunstigen Luft, erfüllt vom Widerhall der Geschichte – Hoffnung, Schmerz, Menschlichkeit und Unmenschlichkeit –, rührt das »Memoriale della Shoah« direkt an Herz und Gewissen. Sofort ins Auge sticht der in eine Stahlplatte am Eingang gravierte Schriftzug »INDIFFERENZA« (Gleichgültigkeit); eine Mahnung, die das Bewusstsein der hierher Strömenden aufrütteln soll, während unter den Bahnsteigen das stete Echo ein- und ausfahrender Züge dröhnt. Eine Geschichtsstunde, die emotional berührt – dort, wo die gewaltsam verstummten Stimmen und Gesichter deportierter Männer, Frauen und Kinder in Dokumentationen über die NS-Zeit zum Leben erweckt und auf Leinwände projiziert werden.

Im unterirdischen Gewölbe des sogenannten Gleises 21, versteckt vor neugierigen Blicken, wurden Züge gefüllt, die ohne Zwischenhalt in die Konzentrationslager fuhren: Auschwitz, Mauthausen, sogar Bozen. Offiziell existierte das Gleis nicht; hier befand sich die Verteilungsstation der Post, weit unterhalb der öffentlich zugänglichen Gleise. Ab 1943 jedoch bestand die Fracht nicht mehr nur aus Jutesäcken voller Briefe, sondern auch aus Menschen. Noch heute sind die Lastenaufzüge zu sehen, welche die verplombten Waggons auf die oberen Gleise hoben – von wo aus der Güterzug losfuhr. So wie er jetzt noch hier steht.

Beim Umbau der Räume haben die Architekten von Morpurgo de Curtis die Veränderungen der Nachkriegszeit rückgängig gemacht und die ursprüngliche Struktur des unterirdischen Bahnhofs wieder freigelegt, der sich in Wahrheit auf Straßenhöhe befindet. Mit dem Holocaust-Mahnmal haben sie hier einen besinnlich-verlorenen, aber zugleich schönen Ort der Menschlichkeit geschaffen, an dem die Leere der Gleichgültigkeit sich mit der Anwesenheit der Hoffnung vereint. Noch harren Bibliothek und ein Bildungszentrum ihrer Errichtung, aber schon heute ist der Ort des Todes wieder nachdenklich belebt.

Adresse Via Ferrante Aporti (Piazza Edmond J. Safra), 20146 Mailand, Tel. +3922820975, www.memorialeshoah.it | **ÖPNV** M2 Grün; M3 Gelb, Haltestelle Stazione Centrale; Bus 90, 92, Haltestelle Luigi di Savoia; Bus 60, 81, Haltestelle Duca d'Aosta | **Öffnungszeiten** auf www.facebook.com/MemorialedellaShoah oder per Vorankündigung coordinamento.memoriale@memorialeshoah.it | **Tipp** In der Via Ferrante Aporti (Ecke Piazza Luigi di Savoia) steht ein Gebäude der Post aus den 20er Jahren, das von Ulisse Stacchini erbaut wurde. Draußen liest man immer noch die Aufschrift »Regie Poste«.

41 Der Glücksbringer

Eiertanz

Auch wenn es nicht sonderlich geschmackvoll erscheint, so muss dem Brauch nach doch jeder, der Mailand liebt und hierher zurückkommen möchte, die Zeremonie mit dem Stier in der Galleria Vittoria Emanuele II vollziehen. Dabei tritt man auf die Geschlechtsteile des Tieres und dreht sich im Kreis, ohne die rechte Ferse vom Organ zu nehmen. Noch peinlicher ist die Geschichte der Entstehung dieses Rituals – unter anderem deshalb, weil sich der Mosaik-Stier im zentralen Achteck der Mailänder Luxusgalerie befindet. Hier, zwischen den monumentalen Bögen, die den Dom mit der Piazza della Scala verbinden, befinden sich traditionelle Cafés, von Säulen eingerahmte Schaufenster, Stuck und Fries. Auch wenn der Ursprung des wahrscheinlich heidnischen Brauches unbekannt ist, bleibt es witzig, sich vorzustellen, wie Ende des 19. Jahrhunderts die feinen Damen, die durch die Galerie kamen, stets die Genitalien des Stieres aufsuchten.

Früher einmal wurde dies nur am 31. Dezember praktiziert, damit man im neuen Jahr Glück hatte. Inzwischen wird das Ritual 365 Tage im Jahr von Hunderten von Passanten vollzogen, was die Männlichkeit des Tieres ernsthaft gefährdet. Mittlerweile ist die Stadt gezwungen, das Mosaik ständig zu restaurieren.

1865 legte der König aus dem Hause Savoyen höchstpersönlich den ersten Stein zum Bau der monumentalen Galerie. Das Projekt setzte Architekt Giuseppe Mengoni durch, der – eine Laune des Schicksals – am 30. Dezember 1887 starb, dem Vortag der Eröffnung. Nur ein weiterer Tag hätte gereicht, um sich mit der Ferse auf dem Gemächt des Stieres drehen und den Unglücklichen vielleicht so noch retten zu können. Doch war er kein leichtgläubiger Mann, wie man an dem Werk sehen kann, das er der Stadt hinterlassen hat: Er hatte den Mut, die tragende Stahlstruktur sichtbar zu lassen, was der Eleganz keinen Abbruch tut. Für so etwas Modernes brauchte man damals Eier.

Adresse Piazza Duomo, 20121 Mailand | **ÖPNV** M 1 Rot, M 3 Gelb, Haltestelle Duomo | **Tipp** Ebenfalls in der Galerie befindet sich das »Camparino«, jene traditionsreiche Bar, die 1915 von Davide Campari eröffnet wurde und in der die Mailänder ihren Aperitif trinken. Damals wurde eiskaltes Selters von einer Hydraulikanlage im Keller bis zur Theke gepumpt. Das Schild wurde 2012 von Ugo Nespolo neu gemalt (www.camparino.it).

42 Der Hangar Bicocca

Stahl-Stadt und Palast

Die Kreativität des Künstlers gegen die unpersönliche Maschinerie der Fabrik: Das ist »La Sequenza« aus Eisen von Fausto Melotti am Eingang der Stahlwerke von Breda. Hier gingen ab 1886 fast ein Jahrhundert lang jeden Morgen Tausende von Stahlwerksarbeitern hindurch. Die Zeiten haben sich geändert: Heute finden in den Häuschen aus roten Ziegeln mit Satteldach Ausstellungen, Kunstworkshops und Avantgarde-Video-Performances statt. Die Enkel der »Blaumänner« von Ansaldo, Falk, Magneti und Marelli kommen ins Bistro zum Aperitif an bunten Designertischen.

Der Arbeitgeber wurde zum Geldgeber (Stiftung Pirelli), doch die Stimmung bleibt fremd, als verströmten die grauen Mauern und Wege noch immer Arbeit und Anstrengung. Eine kleine Tür führt in den Hangar von 9.500 Quadratmetern Fläche, in dem das monumentale Werk des Künstlers Anselm Kiefer »Die sieben Himmels-Paläste« steht. Im Halbdunkel der Halle ragen sieben bis zu 18 Meter hohe Türme aus übereinandergestellten Baracken, Zement und Schutt aus dem Krieg in die Höhe – wie kaputte Wolkenkratzer. Die beeindruckende Installation orientiert sich an einem alten hebräischen Text, der den spirituellen Weg eines Mannes zu Gott beschreibt. Es wird deutlich, dass für den Künstler die Menschheit noch einen weiten Weg vor sich hat. Dies ist seine Vorstellung vom 20. Jahrhundert, dem Zeitalter der Kriege, des Fortschritts, der Metropolen und der industriellen Revolution. Was ist aus der Stahl-Stadt geworden, dem Stalingrad Italiens, was aus den Umzügen zum Dom mit roten Fahnen? Wo sind die Hochöfen, die Kontrollläufe, die Bolzen und das Echo der Aufstände von 1943, die vielen Arbeitern die Deportation in Konzentrationslager einbrachte?

Um sich auf eine Zeitreise zu begeben, warten Sie am besten auf einen sonnigen Sonntag und radeln (mit Führung) durch die Industrieviertel – direkt in die Geschichte eingestürzter Neubauten hinein.

Adresse Via Chiese 2, 20122 Mailand, Tel. +39266111573, www.hangarbicocca.org | **ÖPNV** M 5 Lila, Haltestelle Ponale; Bus 728, Haltestelle Sarca/Chiese | **Öffnungszeiten** Mi 12–15.30 Uhr, Do–So 11–24 Uhr; Fahrradführung »HB Tour« nur nach Reservierung und nur sonntags (siehe Homepage) | **Tipp** In der Viale dell'Innovazione 20 befindet sich das moderne Teatro degli Arcimboldi, ein Projekt von Vittorio Gregotti, eine lebhafte Theater- und Musikwerkstatt (www.teatroarcimboldi.it).

43 Das Haus der großen Menschen

Per Du mit Michelangelo

An der Fassade von Leone Leonis Haus aus dem 16. Jahrhundert prangen sechs männliche Statuen. Und das kam so: Der Bildhauer war 1542 nach Mailand gezogen und suchte ein Haus. Schlussendlich entwarf er es selbst und bat Antonio Abbondio, einen heute berühmten lombardischen Künstler, seine sechs Telamonen aus Stein umzusetzen. Die Leute, die daran vorbeiliefen, nannten sie »Omenoni« – große Menschen; bald hießen sowohl das Haus als auch die Straße so. Traurig und nachdenklich, mit gelockten Bärten und geneigten Köpfen, verkörpern sie die besiegten Barbaren. Eigentlich dienen die schwer tragenden Herren der statischen Stützung. Sie gehen zurück auf Großgriechenland und gleichen beispielsweise den Kolossen des Zeus-Tempels in Agrigent. Damals konnten die Menschen jedoch nicht erahnen, dass sie hier eine Anspielung auf den Mythos von Atlas vor sich hatten, jenen Titan, der das Gewicht der ganzen Welt schulterte.

Vielleicht auch sind die Musen des Hausherrn damals ganz andere gewesen: jene gewaltigen Männergestalten nämlich, die sein Freund Michelangelo für das römische Grab von Papst Julius II. geschaffen hatte. In seinem Arbeitszimmer bewahrte er tatsächlich einen Quader der Giganten des florentinischen Künstlers auf. Sein Haus muss ein wahres Museum gewesen sein, bevölkert von Skulpturen bekannter Kollegen – unter anderem Andromeda, Mars und Venus von Tizian, San Giorgio von Parmigianino und ein Buch mit Zeichnungen von Leonardo da Vinci. Leider ging seine wertvolle Sammlung nach seinem Tod verloren.

Mittlerweile bilden die »Omenoni« einen der wenigen erhaltenen Teile des Hauses, das so viel Bewunderung hervorgerufen hat und sogar von Vasari erwähnt wurde, dem berühmtesten Kunstkritiker des 16. Jahrhunderts.

Adresse Via degli Omenoni 3, 20121 Mailand | ÖPNV M 1 Rot, M 3 Gelb, Haltestelle Duomo | Tipp An der nahe gelegenen Piazza Meda geht in der Mitte eines Beetes die Sonne auf – eine große Scheibe, von Arnaldo Pomodoro. Das Werk, das in den Achtzigern entstand, wanderte lange umher, bis es hier endgültig geblieben ist. Für Vigevano war es aufgrund der Renaissance-Atmosphäre der Piazza Ducale zu modern, und auch das Castello Sforzesco lehnte es ab.

44 Das Haus des Mistero Buffo

Possenreißen mit links

Nur wer hier wohnt, kennt es: das schöne Jugendstilhäuschen inmitten der Gärten des Largo Marinai d'Italia. Das verglaste Gebäude von 1908 ist das letzte Überbleibsel des Verziere, des traditionellen Obst- und Gemüsemarkts, den es hier bis 1965 gab. Die Stände mit feldfrischer Ware, die bis in die frühen Morgenstunden gestapelten Kisten, das Kommen und Gehen der Menschen, das Handeln der Käufer, die Betriebsamkeit der Auslieferer, um eine ganze Stadt zu versorgen, fanden hier zusammen. Dann wurde der Markt an seinen jetzigen Platz verlegt ... und Ruhe kehrte ein.

Anfang der 70er, nachdem das Gebäude jahrelang leer gestanden hatte, wurde es von der Theatergruppe um Dario Fo in Beschlag genommen, der damals als aufstrebender und provokationsfreudiger Komödiant von sich reden machte und später den Nobelpreis für Literatur gewann. Hier führte er sein berühmtestes Bühnenstück »Mistero Buffo« auf. Es nahm die damalige Macht der Democrazia Cristiana aufs Korn – jener Partei, die Italien 30 Jahre lang regierte und die eng mit dem Vatikan verbunden war.

Mit seinen bissigen Grimassen nahm der linke Possenreißer nicht nur die führenden Politiker unter Beschuss, sondern wandelte den Park und das baufällige Häuschen in ein Zentrum unter freiem Himmel – voller Initiativen, die er mit seiner Frau Franca Rame ins Leben rief. Wenn Fo in der Tradition eines Hofnarren auf die Bühne trat, machte er sich Maske und Gelächter geschickt zunutze, um Korruption und Gemauschel anzuprangern. Während der Proben war der Park voller Jugendlicher mit Umhängetaschen, während der geniale Bänkelsänger wie ein Seiltänzer tanzte und einen satirischen Witz gegen die Machthabenden nach dem anderen abließ. Jahre später erwiesen sie sich durch Richter der »mani pulite« als sehr nah an der Realität.

Adresse Parco Vittorio Fromentano, Largo Marinai d'Italia, 20129 Mailand, Tel. +3923494943 | **ÖPNV** Bus 45, 62, 66, Haltestelle Cadore / Anfossi; Tram 12, 92, Haltestelle Arconati; Tram 27, 73, Haltestelle Cadore | **Öffnungszeiten** Der Park ist immer geöffnet. Das Häuschen beherbergt nun das Orchestra da Camera Milano Classica und ist nur zu Konzerten und anderen kulturellen Events geöffnet. | **Tipp** An der Ecke der Via Anfossi / Via Candore befindet sich die Casa del Habano. In Italien gibt es nur zwei Tabakläden, die die geschätzten kubanischen Zigarren verkaufen.

45 Die herrenlose Schildkröte

Selfmade-Terrarium im Forlanini Park

Ja, der Forlanini Park hat einen abgeschiedenen See, fernab von neugierigen Blicken, doch der seitliche Eingang ist leicht mit dem Auto zu erreichen. Eigentlich ist er nicht so einfach zu finden, doch die Mailänder kennen ihn.

Hier kommen auch die kleinen Familien her, wenn sie nach langen Diskussionen entschieden haben, ihre Schildkröte loszuwerden, die inzwischen zu groß geworden ist. »Sie frisst alle Pflanzen an, das heimische Aquarium ist längst zu klein, wirst sehen, dass es ihr im See im Forlanini Park mit ihren Freunden besser geht.« So versuchen die Eltern ihre renitenten Kinder zu überzeugen.

Obwohl es verboten ist, Schildkröten im Park auszusetzen, wird es schon seit vielen Jahren so gemacht. Anfangs klein wie eine Faust, wird das Schildkrötlein zum Wassermonster, das man nicht mehr unter Kontrolle hat. Und man kann nicht mal erwarten, dass sie stirbt, denn eine Hausschildkröte wird bis zu 40 Jahre alt.

Es scheint ihnen hier jedoch nicht schlecht zu gehen, das Problem ist eher, dass sich die Schildkröten aufgrund der vielen Aussetzungen verbreitet und das ursprüngliche Ökosystem verdrängt haben. Gehen Sie am Seeufer entlang, sehen Sie Dutzende, vor allem an wärmeren Tagen, wenn sie sich auf den wenigen Steinen gedrängt sonnen. Sicher wären ihnen ein paar Sonnenplätze mehr lieber. Sie kommen aus den amerikanischen Sümpfen, und obwohl sie sich an die Anwesenheit des Menschen gewöhnt haben, so halten sie doch gern einen Sicherheitsabstand von zehn Metern oder mehr.

Die leicht abschüssige Wiese ist ein guter Aussichtspunkt, um das Verhalten der Schildkröten zu beobachten. Die Anwesenheit der riesigen Kolonie gilt als ein Beispiel für die Anpassung von Wildtieren an einen urbanen Lebensraum, und das gefällt vor allem den Kindern.

Adresse Viale Enrico Forlanini (Richtung Zentrum) und Strada Rivoltana – Via Salesina, 20134 Mailand | **ÖPNV** Bus 73, Haltestelle Forlanini; Bus 38, Haltestelle Centro Saini | **Tipp** 2001 kollidierte ein Flugzeug bei Nebel mit einer kleinen Cessna, die sich fälschlicherweise auf der Rollbahn befand. Der Unfall forderte 118 Todesopfer. Um an dieses traurige Ereignis zu erinnern, wurde im Forlanini Park der Bosco di Faggi mit 118 Bäumen gepflanzt.

46 Hinter den Kulissen der Scala

Das Bühnenbild

Wie der Dom, so hat auch die Scala ihre »Veneranda Fabbrica«, ihre ehrwürdige Fabrik. In den Hallen des ehemaligen Industriegebiets Ansaldi di Porta Genova bereiten hier auf 20.000 Quadratmetern 150 Leute – Techniker, Mechaniker, Schreiner, Schneider oder Kostümbildner – bis zu drei Stücke gleichzeitig vor. Etwa drei bis vier Monate Arbeit stecken in einer Oper wie »Fidelio« oder »Aida«. Ebenso wird eine Probebühne mit gleichen Abmessungen benötigt – wie die des Piermarini auf der Piazza della Scala.

Hinter den Kulissen sind die Werkstätten zu entdecken, in denen die bunten Bühnen-Kunstwelten und Skulpturen aus Styropor entstehen. Die Laufkräne der Mechaniker, die dazu da sind, die Bühnenteile zusammenzusetzen, ragen beeindruckend hoch, während die Gänge der Schneiderei voller Kostüme hängen. Sie sind bereit, ins Theater geschickt zu werden. Unter anderem erkennt man das der Violetta aus »La Traviata« und das von Mimi aus »La Bohème«. Unter Anweisung der Kostümbildnerin schneidern, nähen, färben, knittern die Schneider und lassen Stoffe altern. Wenn sie allerdings gerade an einem neuen Werk sitzen, sieht man oft nur Schneiderpuppen mit einer angehefteten Skizze. Am Ende aber muss das Ergebnis perfekt sein, da heutzutage das Fernsehen auch die kleinsten Details überträgt. 1.500 Schränke enthalten je 60 bis 70 Bühnenkostüme, die ältesten davon gehen auf die 20er Jahre zurück.

Am Ende der Besichtigung wird eine historische Sammlung von Kostümen gezeigt, die vielleicht von Pavarotti, Nurejew oder la Callas getragen wurden …

All das gehört zum Prestige eines der wenigen Theater der Welt, die ihre komplette Aufführung selbst gestalten, vom Entwurf bis zur Premiere: Wenn im Saal das Licht gedimmt wird und sich langsam der rote Vorhang öffnet, ist alles, was man sieht, »made in La Scala«.

Adresse Laboratori Ansaldo-La Scala, Via Bergognone 34 (Ecke Via Tortona), 20144 Mailand, www.teatroscala.org | **ÖPNV** M 2 Grün, Bus 47, 74170, 325, Haltestelle Porta Genova; Bus 68, Haltestelle Bergognone | **Öffnungszeiten** Di–Do nur nach Vorankündigung (Associazione Civita, Tel +39243353521, servizi@civita.it). Man kann sich in eine Gruppe eintragen oder den vollen Preis bezahlen. | **Tipp** Das Gebäude gegenüber, das von Mario Cucinella für die Deloitte entworfen wurde, ist ein Beispiel von architektonischer Aufwertung durch bioklimatische Innovationen, die nach dem Prinzip der doppelten Haut funktionieren (Via Tortona 25).

47 Das Hostel Ostello Bello

Ambiente mit Abenteurern

Auch wenn die Via Torino zu einer der kommerziellsten Straßen der Stadt geworden ist – mit Geschäften von Zara bis Muji, von Fnac bis McDonald's –, so finden Sie hier auch Spuren des alten Mailand. Obwohl es schon fast rührend anmutet, so verfügen manche Läden noch immer über nur ein Schaufenster, vom Schreibwarenhändler bis zum Uhrenmacher, während die alte gelbe Tram, die es schon seit 1881 gibt, mit ihren wackligen quietschenden Rädern noch ein paar mehr Dezibel mehr zu dem eh schon chaotischen Verkehr beisteuert.

Das Viertel Carrobbio, das zu Zeiten Manzonis als verrufen galt, befindet sich heute mitten im Zentrum unweit des Doms und ist so überfüllt, dass man Mühe hat, hier entlangzulaufen. Der Name stammt vom lateinischen Wort »quadrivium«, was so viel wie Kreuzung bedeutet, denn hier kreuzten sich die Straßen, die das Umland mit dem Stadtzentrum verbanden.

Heute gibt die Gegend die Shopping-Meile voller junger Leute (und so mancher Taschendiebe). Darum ist die Straße, die zum Ostello Bello führt, auch so unwiderstehlich: ein ruhiges Gässchen ohne (!) Schaufenster. Sie betreten das Hostel und setzen sich auf Holzkisten, in denen sich Handtücher und Bettwäsche befinden. Die Wände sind mit Zeitungspapier zu einer echten Collage tapeziert, geklebt und zerkratzt. Eine geniale Strategie, um den Schmutz zu verbergen, wie Pietro erklärt, einer der Herbergsleiter.

Zehn Zimmer mit Bad und Klimaanlage hat das Haus, 56 Betten, drei Terrassen und einen Kellerraum mit Gitarren, Tischtennis und Kickern. Alles in originellem Minimalismus eingerichtet. Zum Aperitif füllt sich das freakige Ambiente mit Abenteurern, vor allem Ausländern, die vom stundenlangen Laufen durch die Stadt ganz müde sind. Es hat sich herumgesprochen, dass das Buffet zum Aperitif gut und vor allem für Herbergsgäste kostenlos ist, sodass sie es »Gratis-Abendessen« getauft haben. Mailänder Gastfreundschaft.

Adresse Via Medici 4, 20123 Mailand, Tel. +39236582720/3342610356, www.ostellobello.com | **ÖPNV** M 1 Rot, M 3 Gelb, Haltestelle Duomo; M 2, Haltestelle S. Ambrogio; Tram 2, 14, Haltestelle Correnti / Carrobbio | **Tipp** In der Via Torino, in der Nähe der Nummer 32, liegt die Kirche San Sebastiano mit Wappen der Stadtviertel, die auch »porte« genannt werden: Romana (rot), Ticinese (Schemel), Venezia (Löwe), Vercellina (oben rot, unten weiß), Comasina (rot-weiß kariert), Nuova (4 schwarz-weiße Karos), Mailand Stadt (rotes Kreuz auf weißem Untergrund).

48 Das HUB

Kein Chaos will gebändigt sein

Zwei Schaufenster voller bunter Stofffetzen zum Naviglio hinaus und eine alte Granitsäule, die zwei Ziegelbögen trennt, um das Gewölbe des historischen Gebäudes zu stützen. Dann Tische, Nähmaschinen, Ausstellungsständer, Kleiderständer, Scheren, Handtücher und Stofftaschen. Schön, individuell, kreativ – und alles handgemacht. Die goldene Mitte aus Schneiderei und Galerie, Stoffgeschäft und Werkstatt: Das ist das Modell, mit dem Barbara Zucchi, Spross eines der wichtigsten Konzerne der Textilindustrie, beschlossen hat, die Tradition der Familie so fortzuführen, wie man sie hier sieht.

Zucchis Idee ist es, den kreativen Beruf des Nähens vor dem Vergessen zu retten, der früher einmal zu unseren Großmüttern gehört hat und heutzutage – jedenfalls in Mailand – der Handfertigkeit kleiner Unternehmer im Osten anvertraut ist, die für wenig Geld Hosen kürzen und Röcke enger nähen. Hier kommen Sie herein, reden mit Cecilia oder Francesca und dürfen dann die Ausstattung des HUB verwenden, um zu nähen, Stoff zu schneiden, zu färben oder Ihr eigenes Projekt umzusetzen. Ratschläge gibt es dabei von der Näherin Francesca, und wenn Sie selbst noch keine Erfahrung haben, sind Sie zu einem der Kurse am großen Tisch hinten im Laden eingeladen. Im Hinterzimmer stehen Ihnen noch Holz- und Metallblöcke aus der Sammlung von Zucchi aus dem Ende des 19. Jahrhunderts zur Verfügung, mit denen Sie die Stoffe dekorieren können. Die Möglichkeiten gehen – auch für Kinder – ins Unendliche und reichen von gestempelten Verzierungen bis zur Profiklasse. Eine Schneidereiwerkstatt, in der jeder seine Ideen umsetzt und am Ende sein Werk mit nach Hause nimmt. Man kann ein neckisches Geschenk nähen, einen Sinnspruch auf ein T-Shirt drucken, Bettwäsche verzieren oder eine ungewöhnliche Feier mit Freunden in einem bunten Wirbel aus Stoffen, Stecknadeln und Pinseln veranstalten. Kein Chaos will gebändigt sein …

Adresse Ripa di Porta Ticinese 69, 20143 Mailand, Tel. +39245548183, www.l-hub.it | **ÖPNV** M2 Grün, Tram 2, Haltestelle Porta Genova | **Tipp** In der Via Vigevano 32, gleich bei dem Bahnhof Porta Genova, gibt es den Self Service dello Scampolo, sehr beliebt bei denen, die auf die Modeschule gehen. Zu haben sind auch Stoffe zum kleinen Preis.

49 Die Isola Frida

Sozial ist genial

Nördlich der Bahngleise, die zum Bahnhof Porta Garibaldi führen, befindet sich ein Viertel, das »Isola« (Insel) genannt wird, weil es isoliert liegt, ein vernachlässigter Ort, wie ausgegliedert aus der Stadt – und dazu nicht nur ein bisschen hip. Da es sich nahe den Hochhäusern der Porta Nuova befindet, hat die Stadt kürzlich entschieden, dort einmal ein wenig aufzuräumen. Auf dem Papier.

Stefania ist da ganz anderer Meinung. Sie bedauert, dass die Jugendzentren von ihren ursprünglichen Plätzen vertrieben wurden, und befürchtet, dass auch diese Gehwege sich in einen »Corso Como« mit Edeldrinks, ebensolchen Models und Fußballspielern verwandeln könnten.

Um das zu unterstreichen, zieren den Eingang von »Frida« Myriaden von Graffiti. Jeder, der hier eintritt, weiß, was ihn erwartet: ein facettenreicher Ort, eher unkonventionell. Stefania führt hier den Laden »Particelle complementari« und beweist ein seltenes Gespür für schöne Dinge und Dekoration: Modernes, T-Shirts, ökologische Kleidung und ein Kühlschrank aus den Fünfzigern, der als Schrank herhält. Im Hof, dem gefühlten Zentrum dieses Lokals, dreht Francesco, mit Bart und Pulli, seine Runden zwischen den Tischen, an denen Leute zum Kaffeetrinken oder zu einer warmen Mahlzeit sitzen oder sich mit Freunden unterhalten.

Im Schutz der Glaswände der Lagerhalle (früher einmal eine Stuhlfabrik) befindet sich die Aperitif-Bar aus Majolika im Stil der Sixties. Auch hier gibt es Bio in Hülle und Fülle; der Holzfußboden oder die Tischplatten sind vom Studio Controprogetto im Harlekin-Muster aus bunten Rauten gefertigt worden. Recycelt wurden hier die Abfälle der Tischlerei. Denn Frida zielt auf Nachhaltigkeit in allen Belangen.

Unter den Initiativen sollte man das Clown Festival nicht verpassen, das einmal jährlich zu Fasching in der Insel stattfindet. Öko kann auch Spökes, und sozial ist hier genial.

Adresse Via Antonio Pollaiuolo 3, 20159 Mailand, Tel. +392680260, www.fridaisola.it | ÖPNV M2 Grün, Haltestelle Garibaldi; M5 Lila, Haltestelle Isola; Tram 33, Haltestelle Lambertenghi; Tram 7, Haltestelle Lagosta; Bus 60, Haltestelle Traù/Lagosta | Öffnungszeiten Mo–Fr 10–15 und 18–2 Uhr, Sa 16–2 Uhr, So 12–1 Uhr | Tipp In der Via Gaetano de Castillia 26 befindet sich die Stecca degli Argentini, in der verschiedene Vereine ihren Sitz haben, unter anderem ein Werkstattkreis, der Ihnen kostenlos Werkzeug und Beratung stellt, damit Sie Ihr Fahrrad dort reparieren können. (www.piubici.org)

50 Das Jacaranda

Der rockige Lautenbauer

Ein ungewöhnliches Geschäft: Hier sehen Sie im Schaufenster Lautenbauer bei der Arbeit, wie sie Instrumente in der Werkstatt hinter dem Tresen herstellen oder reparieren.

Daniele und Davide haben »Rock im Blut«; mit viel Geschicklichkeit und Sensibilität stellen sie sich ihrer schwierigen Berufung. Alles begann, als Daniele Fierro auf Carlo Raspagni traf, den alten Mailänder Lautenbauer, der mit Luigi Tenco, Enzo Jannacci, Fabrizio De André, Adriano Celentano und anderen berühmten Musikern befreundet war. 1999 beschloss Daniele, mit seinem Freund Luca die Lautenbau-Werkstatt Jacaranda zu eröffnen und so Kunstfertigkeit mit ihrer Leidenschaft für Zupfinstrumente zu vereinen. »Inzwischen stellen wir meist Bässe und Elektrogitarren her, aber wir reparieren alles: Lauten, Mandolinen, Ukulelen«, erzählt Daniele und deutet auf das Instrument, an dem Davide Fossati arbeitet.

Mittlerweile gilt das Jacaranda Musikern wie Amateuren als erste Anlaufstelle. Ein Laden, in den die Leute auch mal einfach so hineinschauen, was nicht zuletzt an der Lage im lebhaften Navigli-Viertel liegt. Der Lautenbauer hat zahlreiche Freunde (und viele Kunden), darunter etliche wichtige Namen wie der des Bassisten und Plattenproduzenten Saturnino Celani und des Musikers Mauro Pagani von der früheren Band Premiata Forneria Marconi, die zusammen mit Veccioni, Ligabue und De André aufgetreten sind. Ebenfalls Kunde: Gitarrist Luigi Schiavone, Geiger Mario Pagani und nicht zuletzt der König des Mailänder Jazz: Gigi Cifarelli.

Sie alle tauschen sich mit Daniele und Davide über die neuesten Trends aus, scherzen mit ihnen und sind treue Hüter der originellen Idee, personalisierte Instrumente auch für die anspruchsvollsten Musiker zu entwerfen.

Warum »Jacaranda«? Es war das beste Holz, um klassische Gitarren zu bauen, ein Palisander brasilianischer Herkunft, heute eine geschützte Art. Beinahe wie die Laute selbst.

Adresse Via Corsico 8, 20144 Mailand, Tel. +3928394686, www.jacaranda.it | **ÖPNV** M2 Grün, Tram 2, Haltestelle Porta Genova | **Öffnungszeiten** Di – Fr 15.30 – 19 Uhr | **Tipp** Die Förderer des guten Essens (und Trinkens) befinden sich im Corso di Porta Ticinese 55, geführt von einer sehr erfahrenen »Frau des Weins« (Mo – So mittags und abends, Tel. +39289406277).

51 Das Jamaica

Treffpunkt der Boheme von Brera

Wer das Brera der jungen, oftmals abgebrannten Künstler von einst erleben möchte, der besuche das einzige authentisch gebliebene Lokal der Mailänder Boheme: das Jamaica, das 1911 von Carlo Mainini übernommen wurde. Heute ist es schwer zu erkennen, denn es wird buchstäblich von zahllosen Touri-Bars und Bistros mit Tischen und Sonnenschirmen auf den Gehwegen der Via Brera belagert.

In unmittelbarer Nähe der Accademia dell'Arte war das traditionsreiche Lokal Anlaufstelle für kreative und exzentrische Stammgäste, die die Nacht hier bei einem Glas Wein verbrachten, die es aber nicht ins nahe gelegene Bordell in der Via dei Fiori Chiari 17 drängte. Tagsüber verwandelte sich das Jamaica in ein anständig wirkendes Café. Professoren der Akademie, Zeitungsredakteure kamen hier auf einen Cappuccino her, sogar Machthaber Mussolini.

1948 übernahm Maininis Sohn Elio das Jamaica, der es in einen Treffpunkt für Künstler und Literaten verwandelte, indem er hier Ausstellungen organisierte (eine Tradition, die seitdem weitergeführt wird). Er zog Persönlichkeiten wie die Poeten Quasimodo und Ungaretti, Künstler wie Ennio Morlotti und Lucio Fontana, Schriftsteller wie Nanni Balestrini und Antonio Recalcati, Fotografen wie Ugo Mulas und Dario Fo an.

Heute wird die Familientradition von Inhaberin Micaela fortgeführt, die dem Geist des Lokals treu blieb. Sie finden hier noch die alte Holzbar, den abgenutzten Fußboden und vor allem die Pokale einer Eckkneipe, die sich nicht um so etwas schert, nur weil sie in Brera liegt. Dank Micaela hält das Jamaica tapfer durch, ohne sich von Glitter und Glamour verführen zu lassen. Einzig neu ist das Restaurant im Obergeschoss mit Schwarz-Weiß-Fotos aus den Fünfzigern, als man hier Karten um Geld und Kunstwerke gespielt hat. Es ist eine Ecke Mailands, in der man ein Mailänder Schnitzel um zwei Uhr morgens essen und über Kultur reden kann. Eine vom Aussterben bedrohte Welt.

Adresse Via Brera 32, 20121 Mailand, Tel +392876723, www.jamaicabar.it | ÖPNV M3 Rot, Haltestelle Montenapoleone; M2 Grün, Haltestelle Lanza; Bus 61, Haltestelle San Marco | Öffnungszeiten Mo–So 8–2 Uhr | Tipp In der Nummer 13 der Via dei Fiori Scuri sieht man noch heute die Schrift in Terrakotta, der alten Apotheke, die Carlo Erba 1837 übernahm. Er gründete hier das erste Apothekerhaus Italiens und experimentierte unter anderem mit Cannabis.

52 Die Jugendstilfassaden

Regierende Klasse

Erst das 20. Jahrhundert, in dem die ökonomische Macht zu den Unternehmern, den großen Industriedynastien kam, formte in Mailand ein neues, aufstrebendes Bürgertum. Es ist der Anfang der Geschichte, die aus Mailand die Finanzhauptstadt Italiens machte.

Der Kunst gegenüber respektlos, brachen die Unternehmer mit der Tradition und ließen direkt im Stadtzentrum exzentrische Häuser als ihre Wohnsitze bauen, phantasievoll, bizarr und eklektisch – aus der Sicht mancher näherungsweise Kitschburgen.

Die Fassaden zwischen Via Malpighi und Via Sirtori in der Porta Venezia bilden Meere aus Blumenfriesen, bunten Majoliken, geflochtenem Schmiedeeisen und Vollreliefs. Architekten wie Giuseppe Sommaruga und Giovanni Battista Bossi lagen im Trend. Die alten Maßstäbe galten als überholt; mit viel Freiheit wurden neoklassische Formen, barocke Überfülle und moderne, rationale Lösungen gemischt. Die Ikonografie umfasste naturalistische Vorlagen und ländliche Figuren.

Laufen Sie den Gehweg vor der Casa Galimberti entlang, so überkommt Sie jedenfalls nicht das Gefühl, allein zu sein; neben jedem Fenster befinden sich anmutige Figurenpaare, weiblich und männlich. Eingerahmt von Bäumen und Weinranken blicken sie mit keckem Zwinkern auf die Straße. Eine Provokation vonseiten der regierenden Klasse, die der Vergangenheit und dem wappenführenden Adel gegenüber keine Befangenheit zeigte und die respektlose und ausschweifende Art des Jugendstils liebte. Diese neuen Reichen schätzten den unkonventionellen Stil und den Gebrauch von innovativen Materialien wie Zement, Schmiedeeisen, Glas und Keramik.

Die Weltausstellung 1906 wurde zum Schaufenster einer erneuerten Stadt, die sich Richtung Zukunft katapultierte, aber auch eitel und mondän war. Die Straße der Großbürger von einst ist erfüllt von Farben, Ornamenten und Skulpturen, die ihnen noch heute bestätigen, wie wichtig sie doch sind.

Adresse Via Marcello Malpighi 3, 20129 Mailand, www.duomomilano.it | ÖPNV M 1 Rot, Tram 3, Haltestelle Porta Venezia; Tram 9, Haltestelle Oberdan | Tipp In der Via Paolo Frisi 2, an der Ecke zur Via Melzo, befindet sich die Biblioteca Comunale Venezia im Innern eines Jugendstilhäuschens, das 1910 als eines der ersten Lichtspielhäuser Mailands eröffnet wurde.

53 Die Kirche ohne Apsis

Bramantes Trick

Eine Kirche ohne Apsis ist unvorstellbar, muss sich wohl Donato Bramante gedacht haben, der noch junge, doch schon bekannte Architekt. Am Ende des 15. Jahrhunderts weilte er gerade in Mailand, als Herzog Galeazzo Maria Sforza ihm den Auftrag erteilte, eine Kirche auf sehr spärlichem Raum zu errichten – ein Problem, das sich nicht so leicht lösen ließ. Ausgangspunkt war die kleine Gedächtniskirche aus dem 10. Jahrhundert, die San Satiro gewidmet war, dem Bruder von Sant'Ambrogio, seines Zeichens Patron der Stadt. Als wäre das nicht genug, war dort 1241 auch noch ein Wunder geschehen: Ein junger Geistesgestörter stach mit einem (noch erhaltenen) Dolch auf die Figur der Maria mit dem Kind ein, und die Wunde begann zu bluten.

Der Ort wurde zum Objekt großer Verehrung; der Herzog meinte gar, es sei der passende Moment, eine größere Kirche zu bauen. Das Problem bestand darin, dass die benachbarten Gebäude die Fläche, auf der die Kirche gebaut werden konnte, stark einschränkten. Bramante wurde bei der Arbeit von seinen Kollegen Giovanni Battagio und Giovanni Antonio Amadeo unterstützt, gegen alle Vernunft plante er einen Grundriss mit drei Schiffen. Das mittlere musste so breit sein wie die beiden Flügel der Querschiffe, überragt von einem Tonnengewölbe voller bunter Motive. Einiges kupferte er aus der Basilika Sant'Andrea ab, die von Leon Battista Alberti, dem Theoretiker der Renaissance, erbaut worden war.

Das Ergebnis fiel bemerkenswert aus, beinahe gleich einer echten Basilika – ein spektakulärer Blickfang. Bramante gelang es sogar, eine Apsis mit nur 97 Zentimetern Tiefe hinter dem Altar zu bauen, indem er alle damals verfügbaren Studien zur Perspektive heranzog. Heute ist die optische Täuschung perfekt, die Abfolge der Fluchtlinien erlaubt es, das Gewölbe aus jedem Blickwinkel zu bewundern. Im unteren Teil stützt ein falscher Chor aus bemaltem Stuck den genialen Trick.

Adresse Santa Maria bei San Satiro, Via Torino 17, 20123 Mailand | ÖPNV M 1 Rot, M 3 Gelb, Haltestelle Duomo; Tram 2, 12, 14, 16, 27, Haltestelle Orefici | Öffnungszeiten Di–Sa 9.30–17.30 Uhr, So 14–17.30 | Tipp Von der Rückseite der Kirche (von der Via Manzoni kommend) hat man einen guten Blick auf den romanischen Turm (11. Jahrhundert), einen der ältesten der Stadt, sowie auf die achteckige Taufkapelle, in deren Innern ein schönes Fries in Terrakotta erhalten ist und die ebenfalls von Bramante erbaut wurde.

54 Das Knochenhaus

In Gold gerahmte Schädel

Vielleicht war es damals in Mode, vielleicht aber auch eine Laune des Ossarium-Wärters. Fakt ist, dass man einen Weg finden musste, all die Knochen unterzubringen, die vom Friedhof des nahe gelegenen Lepra-Krankenhauses kamen. Schließlich beschloss man, die Nischen in den Wänden wie Rahmen eines eher makabren Bildes zu verwenden und es mit menschlichen Schienbeinen zu verzieren, da diese so gerade waren und wunderbar zu dem bizarren Gemälde passten.

Eine lange Geschichte: Ab 1430 wurde die Friedhofskapelle der Mailänder Brüderschaft der Disciplini zugewiesen. Nach einigen Restrukturierungen im Laufe des 17. und 18. Jahrhunderts wurde sie zu einer größeren Kirche umgebaut, indem man sie mit der ersten durch einen Triumphbogen verband. Die antike Kapelle entspricht der jetzigen Eingangshalle.

Als immer mehr Menschen an der Pest starben, füllte sich das »Haus der Knochen«, wie es im Volksmund genannt wurde, immer mehr mit Skeletten von Kranken, Häftlingen, Mordopfern, Armen und sogar Adligen, die keinen Platz mehr in den angemesseneren Gräbern fanden. Mit der Zeit fand der Knochen-Kult beachtliche Verbreitung, und wahrscheinlich ließ man auch deswegen beim Wiederaufbau besondere Sorgfalt obwalten. Schienbeine, Rippen, Oberschenkel und leere Schädel wurden aufgeteilt und hübsch ordentlich in separaten Nischen gestapelt, eingerahmt von vergoldetem Stuck. Zwei Säulen aus Totenköpfen stehen heute gegenüber der Statue der Madonna Addolorata mit dem sterbenden Jesus zu Füßen über dem Altar – zwischen Verzierungen aus Schädeln.

Die Kapelle wird beherrscht von einem Gewölbe mit großen Fresken des venezianischen Malers Sebastiano Ricci, die den Triumph der ins Paradies aufsteigenden Seelen darstellen. All das eingekreist von Schädeln, die gleich Stadttauben von oben zusehen, wenn auch sichtlich amüsiert. Sie haben Zeit.

Adresse Piazza Santo Stefano / Via Verziere 2, 20122 Mailand | ÖPNV M 1 Rot, Haltestelle San Babila und Duomo; M 3 Gelb, Haltestelle Duomo; Tram 15, Haltestelle Larga; Bus 77, 94, Haltestelle Sforza / Andreani | Öffnungszeiten Mo – Fr 7.30 – 12 Uhr, Sa 7.30 – 12.30 Uhr | Tipp Das Gran Caffè Cimmino in der Via Larga 2 ist tatsächlich ein großartiges Café, um frühstücken zu gehen. Gebäck aus Neapel, nachgebacken in Mailand, die Brioche alla Crema und die Blätterteigtaschen mit Ricotta sind mit Cappuccino ein Gaumenschmaus (Mo – So 6.30 – 20 Uhr).

55_Der Luftschutzbunker

Kriegserinnerungen

Krieg und Sirenen. Die Flugzeuge der Alliierten bombardieren Mailand. Die Alten erinnern sich noch heute an den unheilverkündenden Ton des Alarms, der Panik und allgemeine Flucht auslöste. Alsbald wurde die wortlose Stille von den Explosionen von Bomben zerrissen, von zerbrochenem Glas, dem Lärm zusammenbrechender Häuser und später dem Geruch nach Bränden und Staub. Aber das Leben war gerettet, nur das zählte.

In der Stadt gibt es noch heute viele Spuren jener tragischen Ereignisse, beispielsweise an den Mauern eines Hauses an der Porta Lodovica. Hier sieht man auf Höhe der Hauses Nummer 2 gut leserlich die Aufschrift »U.S.« neben einem weißen Pfeil, der nach unten zeigt. Es handelt sich hierbei nicht um die United States, wie man heute denken könnte, sondern um die Markierung eines Fluchtwegs.

Der Pfeil zeigt tatsächlich die Richtung an, in die man fliehen musste, sollte man sich in dem Moment in der Straße befinden. Das Gleiche gilt auch für das große »R« auf weißem Untergrund, das neben die jetzige Apotheke gemalt ist. Nach der Rede von Mussolini am 10. Juni 1940, in der er den Eintritt in den Krieg verkündete, haben diese Symbole vielen das Leben gerettet.

Die Stadt Mailand hatte einige hundert Luftschutzbunker bereitgestellt, indem sie Keller und unterirdische Läden und Gänge nutzte, zu denen die von den Familien und Hauseigentümern selbst organisierten Zufluchtsorte hinzukamen. Diese Zufluchtsstätten waren nicht immer dazu geeignet, vor Bomben und Gas zu schützen, doch der entscheidende Faktor lag darin, die Eingänge sekundenschnell ausfindig machen zu können.

Dazu dienten die schwarzen oder weißen Pfeile, denen die Leute heute keine Beachtung mehr schenken, weil das zum Glück nicht mehr notwendig ist. Um sie zu erkennen, braucht man nur ein wenig Beobachtungsgabe. Jedenfalls immer dort, wo das Gebäude während der letzten 70 Jahre nicht neu gestrichen wurde.

Adresse Piazzale Porta Lodovica 2, 20136 Mailand | **ÖPNV** Tram 15 und Bus 94, Haltestelle Corso Italia / S. Sofia | **Tipp** Die Luftschutzbunker befanden sich überall in der Stadt verteilt: in der Piazza Cinque Giornate unter dem Monument, das den revolutionären Bewegungen von 1848 gewidmet ist; unter dem Brunnen auf der Piazza Giuseppe Grandi und in der Kaserne in der Via Riccardo Pitteri, wo man noch heute die kegelförmigen Türme aus Zement aufragen sieht, deren Silhouetten die Flugbahn der Bomben ablenken sollten.

56 Der Lyrik-Shop

Verdis Briefbeschwerer

Beim Eintreten scheint dies nur einer von vielen Museumsshops zu sein, ein Durcheinander von Firlefanz und Krimskrams, alles eher unbrauchbar, wenn auch nett anzusehen, Nur das Logo des Teatro La Scala verweist auf eine jahrhundertealte Tradition.

Vor allem wer sich für Lyrik begeistert, kann hier in den Regalen jenes Geschenk finden, das er oder sie schon lange sucht. Zur Wahl stehen etwa ein Schlüsselanhänger mit einer alten Reklame für »La Bohème« von Puccini, die 1952 erstmals aufgeführt wurde, ein Federmäppchen von La Scala 1778, ein Briefbeschwerer Giuseppe Verdis oder ein Puzzle, das die Fassade des Theaters zeigt, 1852 in Öl gemalt von Angelo Inganni. Darüber hinaus der Nippes: Tassen, T-Shirts, Taschen, Täschlein, mit verschiedenen Bildern aus der »Aida« oder »La Traviata«. Um mit der Zeit zu gehen, gibt es auch rote Tablet-Taschen und Mousepads mit Werbung für »Nabucco«, 1966 in der Scala uraufgeführt.

Auf dieser teils schicken, teils kitschlastigen Schatzsuche lassen sich auch originelle Dinge finden, doch um die wahren Juwelen zu finden, müssen Sie die Treppe ins Untergeschoss hinabsteigen. Hier wird es ernst: Bücher über Musik, Tanz, Lyrik, Fotobände mit Theaterkostümen, die die Kinder ausschneiden und zusammensetzen können und dabei die Geschichte jeder Figur erfahren. Da sind Schwarz-Weiß-Fotografien, die Ihnen die schillernde Vergangenheit der Scala ins Gedächtnis rufen, die künstlerische Sammlung von Arturo Toscanini, die 50er Jahre mit dem Debüt »der göttlichen« Maria Callas, bei deren Stimme dem Publikum der Mund offen stehen blieb. Viele CDs der bekanntesten Opern sind besonders wertvoll, vor allem die Sondereditionen, die in der Scala produziert wurden. Wie etwa die Platte mit der Aufnahme des Konzerts für Violoncello Nummer 2 in b-Moll von Antonín Dvořák, interpretiert von Rostropovisch – Wunder, die nun einer anderen Welt angehören. Alles andere als ein Museumsshop.

Adresse Piazza della Scala (neben dem Theater), 20121 Mailand, Tel. +39245483257, www.lascala-shop.it | ÖPNV M 1 Rot, M 3 Gelb, Haltestelle Duomo; Tram 1, Haltestelle Manzoni | Öffnungszeiten Mo–So 10.30–19.30 Uhr | Tipp Das Café Biffi in der Galleria Vittorio Emanuele ist nicht nur eines der ältesten Mailands (1867), sondern Callas, Toscanini, Nurejew und weitere Stammgäste der Scala besuchten es regelmäßig nach den Konzerten.

57 Der Mann aus Stein

Mit der Stimme des Volkes

In Rom heißt er Pasquino, in Mailand El Scior Carera (Herr Carera), doch eigentlich ist er derselbe. Jede Stadt hat ihre mehr oder weniger gut erhaltene römische Büste, an der das gemeine Volk seine anonymen, meist politischen Zettel mit Protesten, Beschwerden, Sinnsprüchen und ironischen Fratzen hinterließ. Sie wandten sich an Herrscher, die die Stadt ungerecht regierten.

Im gedrängten Kommen und Gehen unter den Bogengängen neben den Schaufenstern von Zara bleibt die männliche Statue aus dem 4. Jahrhundert meist unbemerkt, die dort an der Mauer der Hausnummer 13 lehnt und fast schon einem Portier des eleganten Palazzo gleicht. In eine Toga gehüllt, unbeweglich, ruhig – »der Mann aus Stein«, wie er genannt wird, ist der beste Zeuge der Geschehnisse in der näheren Umgebung.

»Carere debet omni vitio, qui in alterum dicere paratus est« (Man muss ohne Fehler sein, um schlecht über jemanden zu reden) lautet die Inschrift auf seinem Sockel, doch die Leute konnten kein Latein und dachten, Carere sei der Name der Statue. Wer er war und woher er kam, weiß niemand.

Die Skulptur wurde oft versetzt, und auch ihr Gesicht wurde verändert. Die römischen Statuen bestehen aus mehreren Teilen, das Gesicht zum Beispiel wurde von einem spezialisierten Handwerker gemeißelt und dann zum Rest hinzugefügt. Im Spätmittelalter dachte man daran, das Aussehen zu verändern, das wahrscheinlich einen römischen Richter zu Zeiten Ciceros darstellte, und es durch das des Erzbischofs Adelmanno Menclozzi zu ersetzen.

1848, während des Fünf-Tage-Aufstands schließlich, rebellierten die Mailänder gegen Österreich und stellten die Stadt auf den Kopf. Hier nahm Scior Carera in den Augen des Volkes seine moralische Rolle als Sprecher der Aufständischen ein. Jeden Morgen fanden sich Reden über Gerechtigkeit und Freiheit in Form von in der Nacht geschriebenen Nachrichten der Stadtbewohner zu seinen Füßen.

Adresse Corso Vittorio Emanuele 13, 20122 Mailand | **ÖPNV** M 1 Rot, Bus 54, 61, Haltestelle San Babila; M 3 Gelb, Haltestelle Duomo; Bus 60, 73, Haltestelle Durini | **Tipp** In der Via Santa Radegonda 16 sollten Sie sich auf keinen Fall eine Rast bei Luini Panzarotti, der traditionellen Bäckerei Rotisserie (von 1888), entgehen lassen, wo man immer ansteht, um die berühmten warmen und gefüllten Panzarotti zu genießen, eine gute Lösung als Happen zum Mittagessen (Mo 10–15 Uhr, Di–Sa 10–20 Uhr).

58 Manzoni in Mailand

Auf den Spuren der Promessi Sposi

Liest man Alessandro Manzonis Biografie, so fällt auf, wie nomadisch sein Leben zwischen Lecco, Venedig und Paris verlaufen ist. Obwohl sein Vater, ein Adliger aus Lecco, versuchte, ihn von der »anstößigen und demokratischen« Stadt fernzuhalten, kehrte Manzoni stets in seine Geburtsstadt Mailand zurück. Als Patriot verteidigte er vehement jede Revolte gegen den Feind. Hieran erinnert auch ein Schild an der Piazza San Fedele, wo er 1848 zur versammelten Menge sprach. Durch seinen Einsatz für die Einigung Italiens im 19. Jahrhundert wurde er in der Stadt allseits geliebt und verdiente sich so einen Ehrenplatz im Pantheon des Cimitero Monumentale.

Bedenkt man, dass er als Begründer des historischen Romans gilt, so kommt einem der kleine Nussholz-Schreibtisch fast niedlich vor, an dem er mit den Geistern seiner Erzählungen kämpfte. Hier schrieb er auch die »I Promessi Sposi«, den ersten modernen italienischen Roman, der im Mailand des 17. Jahrhunderts unter der Herrschaft der Spanier während der Pestepidemie spielt. Beinahe sieht man seine Frau Enrichetta mit einer Tasse Tee hereinkommen, während er seine Feder ins Tintenfass taucht, um Renzos Geschichte zu erzählen – jene des verliebten Bauern, der durch die Porta Orientale an einem Tag des Aufruhrs in die Stadt kommt.

Als Renzo den Domplatz erreicht, offenbart sich ihm die Arroganz der Macht, und er erlebt die traurige Episode der »Schandsäule«, die historisch belegt ist und an die heute eine Gedenktafel im Castello Sforzesco erinnert – dort, wo das Haus des »schmierigen« Barbiers stand, der ungerechterweise im Corso di Porta Ticinese umkam. In Lazzaretto, dem Viertel neben der Porta Venezia, das noch heute so heißt, fand Renzo endlich seine geliebte Lucia. Ein grandioses Werk, das Manzoni seiner Stadt widmete. Kaum zu glauben, dass es in diesem engen Arbeitszimmer entstand – selbst wenn es zur eleganten Piazza Belgioioso hinausgeht.

Adresse Via Gerolamo Morone 1, 20121 Mailand, Tel. +39286460403, www.casadelmanzoni.it | **ÖPNV** M 1 Rot, Haltestelle San Babila; M 3 Gelb, Haltestelle Duomo und Montenapoleone | **Öffnungszeiten** Di – Fr 9 – 16 Uhr (an Feiertagen geschlossen) | **Tipp** In der Piazza Belgioioso – genauer im Innern des prächtigen Palazzo Belgioioso – befindet sich das Restaurant Bocucc, eines der elegantesten und »klassischsten« Restaurants Mailands. Ein Säulensaal mit gewölbter Decke, Parkettboden, langen Tischdecken, Kristallgläsern und Silberbesteck für wichtige Gäste sorgt für Ambiente. (www.bocucc.it)

59 Der Markt von Sinigaglia

Schnäppchen im Shabby Chic

Der beliebteste Flohmarkt Mailands befindet sich an der Porta Genova und wurde stark verkleinert – was die Mailänder wütend machte. Sie demonstrierten vor der Stadtverwaltung und dachten dabei vor allem an die Besitzer der Stände. Die Zeitungen brachten zornige Artikel, doch es gelang ihnen nicht, die Würde des alten Marktes wiederherzustellen, den der »Corriere della Sera« 1906 so beschrieb: »Der charakteristischste aller traditionellen Märkte in Mailand […] man findet dort alles, auch schöne Sachen, sogar Kunstobjekte, doch vor allem die Dinge, die den Anschein geben, zu nichts nütze zu sein.«

Der Markt wurde im 19. Jahrhundert von einer Gruppe Lumpensammler gegründet, die sich an der Kreuzung des Naviglio Grande mit der Darsena, dem früheren Handelshafen, trafen; ein strategisch guter Ort, um Ware mit anderen Armen zu tauschen. Heute allerdings drängen sich die 150 Stände auf dem früheren Parkplatz hinter dem Bahnhof Porta Genova.

Wer sich in Mailand nicht gut auskennt, meidet den Markt vielleicht wegen seines heruntergekommenen Flairs, doch der Schein trügt. Samstagmorgens können Sie hier wahre Kennerstücke aus dem anderen Trödel herauspicken oder für wenig Geld ein Rad kaufen. Der Markt von Sinigaglia – das ist ein Paradies im Shabby Chic für gewiefte Schnäppchenjäger. Ganze Keller voll alter Sachen werden ausgeräumt und landen auf den Ständen. Natürlich ist der Antiquitätenmarkt, der jeden letzten Sonntag im Monat stattfindet, aus ästhetischer Sicht wesentlich faszinierender. Hier erleben Sie einen Taumel an Begegnungen, Tauschaktionen, Gelegenheiten und Feilschereien, ein buntes und proppenvolles Warenhaus im Freien. Rund 400 Stände voller Vintage-Artikel, antiker Möbel, Bücher, Schallplatten und Modernariaten jeder Art präsentieren sich. Zu diesem Anlass haben die Geschäfte und Lokale an den Navigli alle geöffnet – damit es den Markt noch lange gibt.

Adresse Alzaia Naviglio Grande (Ecke Via Valenza), 20154 Mailand | **ÖPNV** M2 Grün, Haltestelle Porta Genova; Tram 2, 9, Haltestelle Porta Genova; Bus 47, 74, Haltestelle Valenza | **Öffnungszeiten** Markt von Sinigaglia Sa 8–18 Uhr; Markt von Bonola So 7–14 Uhr; Antiquitätenmarkt (Naviglio Grande) am letzten Sonntag des Monats 9–18 Uhr (außer Juli) | **Tipp** Das Nipper (Ripa di Porta Ticinese 69) ist ein auf Radios spezialisiertes Modernariat und das einzige, das sich auf die Reparatur der Altertümchen versteht (www.nipper.it). Es lohnt sich allein schon wegen der vielen Dinge, die im Angebot sind, vorbeizuschauen.

60 Der Martesana

Radtour mit Leonardo

Früher flossen hier die Navigli, heute sind es Fahrradwege. Der beliebteste ist der Naviglio della Martesana, der im alten Verbindungskanal zwischen Mailand und der Adda östlich der Stadt verläuft. Hier können Sie ungehindert von den Hochhäusern der Porta Nuova bis nach Lecco an den Comer See radeln.

Sie brauchen nur dem Fluss zu folgen und können dabei die Becken bewundern, die Leonardo da Vinci in seinem berühmten »Codex Atlanticus« gezeichnet hat, die Schlösser der Visconti und die ersten hydroelektrischen Zentralen des 20. Jahrhunderts. Auch radeln Sie unter der Eisenbrücke von Paderno d'Adda hindurch, ein kühnes Ingenieurswerk, das in einem einzigen Stück die beiden Ufer überspannt. In Imbersago steigen Sie auf die Fähre, die vom Meister der Renaissance entworfen wurde und zudem die einzig noch funktionierende ist. Fahren Sie bis zum Ende der Via Melchiore Gioia, auf Höhe der Cassina de' Pomm, der alten Gaststätte mit Blauregenranken, wo sich heute das Caffè Martesana befindet. Hier taucht der Naviglio aus heiterem Himmel mit dem Radweg an seiner Seite wieder auf. Er wird der »Naviglio Piccolo« genannt und legt auf 38 Kilometern Länge einen Höhenunterschied von 19 Metern zurück, die früher dank Leonardos Beckensystem von Booten überwunden wurden.

Das Boot fuhr in einen seitlichen Wasserlauf ein; die Schleuse schloss sich, und Wasser wurde hinein- oder abgelassen, bis das Boot sich auf dem Wasserlevel des Kanals außen befand. Der Teil, der bis zur Cassina de' Pomm führt, wurde 1471 eröffnet, während der Teil, der in die Stadt führt, erst 1496 fertiggestellt wurde.

Im 16. Jahrhundert war der Naviglio auf dem lombardischen Land vergleichbar einem Zug im amerikanischen Wilden Westen des 19. Jahrhunderts. Bauernhöfe, Dörfer und Gasthäuser sprossen nach und nach aus dem Boden, bis sie die Landschaft von heute bildeten, die am Wochenende von unerschrockenen Rad-Familien geschätzt wird.

Adresse Via Tirano, 20125 Mailand | **ÖPNV** Gioia/Tirano (Bus 43, 81) | **Tipp** In der Via Cristoforo Gluck 45 befindet sich das Fermoimmagine Museum für Kinoplakate, ein Treffpunkt für Fans, der außerdem Ausstellungen und Filmfestivals anbietet. Im Innern befinden sich das »Caffè der Unwissenden«, eine Bibliothek und ein Posterarchiv, die alle die städtische Landschaft gefärbt haben, indem sie in unsere Vorstellung eingedrungen sind (www.museofermoimmagine.it).

61__Die Martini Bar

Sinfonie in D&G

Im berühmten »Modeviereck« wartet eine glamouröse Erfahrung auf Sie – in der Bar Martini von Dolce & Gabbana, die 2003 dank der Zusammenarbeit der beiden namhaften Marken namens »Milano da bere« und »Mode« eröffnete.

Das Lokal befindet sich unweit von San Babila direkt am Corso Venezia und ist durch eine Galerie erreichbar, die in ein Gebäude aus dem 18. Jahrhundert führt. Sie können auch durch den D&G-Store für Herren eintreten und kommen dabei an Regalen voller glänzender schwarzer Schuhe, Taschen und Krawatten vorbei. Bis Sie dann die Kaffeetische des Wintergartens erreichen, alles von Glas und Pflanzen umgeben. Ein gewollt minimalistischer Look, wie gemacht für schnelle Dates. Hier kommen Leute her, um einen Kaffee zu trinken oder einen Snack mit Kollegen einzunehmen. In dieser erhabenen Eleganz überrascht es, dass man hier einen »Martini Big« bestellen kann, einen eher ironischen Burger, dessen Fleisch, so betont der Kellner, jedoch von bester Qualität ist. Obwohl die Mailänder es mittags immer eilig haben, lieben sie es, gastfreundlich und stilvoll von den jungen Kellnern empfangen zu werden.

Die Atmosphäre der Bar ist klassisch D&G, dominiert von Edel-Schwarz. Ihren Dolce & Gabbana Martini Cocktail genießen Sie auf den Ledersofas sitzend in einem Ambiente von gedimmtem Licht, konzipiert von Designer Ferruccio Laviani. Ein roter Drache erhebt sich flügelschlagend vom Mosaikfußboden, während von der Decke ein Kronleuchter hängt, auch er aus rotem Murano-Glas.

Ultimativ schick – und ein Schlag für den Geldbeutel – ist das Restaurant Martini Bistro, die Wiedergeburt der barocken Mailänder Luxuslokale der 50er. Die Stühle sind mit rotem Tuch bezogen, die Damasttafeln und Goldrahmen um die Spiegel wurden von Gio Ponti entworfen. Es ist ein Ereignis, hier zu sitzen und den Gaumen mit einer Mischung aus mediterranen Gewürzen und internationalen Kreationen zu verführen.

Adresse Corso Venezia 15, 20122 Mailand, Tel +39276011154 | **ÖPNV** M1 Rot, Haltestelle Palestro | **Öffnungszeiten** Mo–Sa 7.30–1 Uhr, So 9–24 Uhr | **Tipp** Die Casa Fontana Silvestri im Corso Venezia 10 ist ein Beispiel für besterhaltene Renaissancebauten (Ende des 14. Jahrhunderts), wie Sie an den Tonverzierungen der Fassade sehen können. Durch das verschlossene Tor sehen Sie auch den inneren Säulengang.

62 Il Massimo del Gelato

Die Verführung der Pistazie

Um das Pistazieneis von Bronte mit dem leicht salzigen Nachgeschmack zu essen, kommen viele auch aus dem Hinterland: Einmal über die Schwelle getreten, tun sich vor Ihnen 32 bunte Schalen mit verschiedenen Eissorten auf. Auszusuchen, welche Sie davon probieren möchten, bereitet Ihnen möglicherweise Kopfzerbrechen. Abgesehen von ein paar Ausnahmen wechseln die Fruchtsorten je nach Saison; hier werden nur Bioprodukte verwendet, und es wird viel Wert auf deren Herkunft gelegt.

Im Winter die Walnuss aus Salento, im Frühling die unvermeidliche Erdbeere, im Sommer Himbeere, Blaubeere, Brombeere und zur Zeit der Weinlese schwersüße rote Trauben. Auch exotische Geschmacksrichtungen wie Mango gibt es.

Doch der Stolz der Familie ist die Schokolade: Das ganze Jahr stehen ganze acht verschiedene Sorten zur Auswahl – von der italienischen Domori mit 75 Prozent Kakao mit und ohne Likör bis hin zum vollbitteren venezuelischen Cacao Créole, der als wahres Gold gehandelt wird. Die Spezialitäten mit Chili und Zimt erinnern an den Film »Chocolat« mit Juliette Binoche von Lasse Hallström. Der schamlosen Verführung durch die Kakaocreme in ihren unterschiedlichen Nuancen ist kaum zu widerstehen.

Sie kommen auch nicht umhin, das Nougateis zu probieren, an dem Massimo Travani jahrelang gearbeitet hat, um das Gleichgewicht zwischen Fetten und Flüssigkeit zu finden, die den Geschmacksrezeptoren intensiven Genuss verschaffen. Die Mandeln kommen aus Noto (Sizilien) und die Haselnüsse aus dem Piemont; hier gibt der Rohstoff die Geschmacksnote an. Die sehr leckere Ortigia-Creme mit sizilianischen Zitronen bringt die Sonne und die Düfte des Mittelmeeres mit sich. Dem Süden und seiner Lebensfreude ist auch die sizilianische »Cassata«, reich an kandierten Früchten, gewidmet. Weil alles so lecker ist, ist Disziplin angesagt, um nicht zu viel auf einmal zu essen. Aber wer bringt die auf?

Adresse Via Lodovico Castelvetro 18, 20154 Mailand, Tel. +3923494943 | **ÖPNV** Bus 43, 57, Haltestelle Piero della Francesca / Domodossola oder Sempione / Domodossola; Tram 1, 19, Haltestelle Sempione / Arona | **Öffnungszeiten** Di–Sa 12–24 Uhr (25. Dezember bis Mitte Februar geschlossen) | **Tipp** Eine weitere Filiale befindet sich an der Piazza Risorgimento (Ecke Via Pisacana). Il Massimo del Gelato hat verschiedene Auszeichnungen erhalten – sowohl von Gambero Rosso als auch von anderen Gastroführern, die sich auf italienische Spezialitäten konzentrieren.

63 Die Mauer der Puppen

Gegen Gewalt an Frauen

Es ist nicht das Schaufenster eines Spielzeugladens, auch wenn man vielleicht Lust bekommt, manche der wunderschönen Puppen mit nach Hause zu nehmen. Die kleinen Mädchen, die hier vorbeikommen, sind sprachlos angesichts der Puppen, die am Gitter an der Hausmauer der Casa dei Diritti hängen. Jeden Tag kommt noch eine dazu. Doch warum sind sie hier?

Die »Muro delle Bambole« ist eine Installation gegen Femizid und Gewalt an Frauen, ins Leben gerufen von der vielseitigen Künstlerin Jo Squillo, der es gelang, Dutzende von Vereinen und viele Persönlichkeiten aus Kunst und Kultur sowie 50 Modemarken dafür zu gewinnen. Denn wie viele Designer haben mit dem Nähen von Kleidern für ihre Puppen begonnen? Die Performance begann im Sommer 2014 zum Auftakt der Männermode-Woche. Da das Phänomen der Misogynie leider noch immer aktuell ist, wurde die Stimme der Puppen zu einem anhaltenden stummen Schrei.

Es sind unglaublich viele Puppen. Die ältesten haben zerschlissene Kleider, verblichene Stoffe, blasse Lippen. Andere wirken munter, pausbäckig, mit zerzaustem Haar und langen Beinen. Alle sehr bunt. Und obwohl sie lächeln, sind sie in Wahrheit sehr, sehr wütend.

Mädchen überqueren die Straße zu dem gegenüberliegenden Gehweg und stellen ihren Eltern Fragen. Es gibt nur eine Antwort: Sei auf der Hut. Einer der Sätze, die angebracht wurden, berührt besonders: »Wenn Sie die Nachrichten lesen, merken Sie, dass der Feind oft nah ist … in der Familie.«

Die Mahnung kommt von Rapunzel, Sbrodolina, der kleinen Meerjungfrau und Anderen, so wie viele Frauen, denen Gewalt angetan wurde, anonym bleiben. Eine von dreien in Europa laut Statistiken. Sie blicken von der Mauer, niedlich und modern, struppig, sexy, aus Plastik oder Stoff. Von der unvermeidlichen Barbie bis zur südamerikanischen Mamita im Poncho. Wer vorbeigeht, darf seine Puppe anbringen: die multiethnische Botschaft einer Frauenstadt.

Adresse Via Edmondo De Amicis 2, 20123 Mailand | **ÖPNV** Bus 94, 163, Haltestelle Ticinese; Tram 2, 14, Haltestelle Correnti | **Tipp** In der Via Arena 7 befindet sich die Baumschule der Sorelle Riva – ein kleiner Dschungel aus Topfpflanzen, Azaleen und Jasmin –, die von zwei Frauen mit grünem Daumen geführt wird und eine Anlaufstelle der Mailänder ist, wenn es darum geht, ihre Balkone neu zu machen. Sie organisieren Kurse für Kinder und Aperitif im beeindruckenden botanischen Rahmen (Mo–Sa 8.30–12.30 Uhr und 14.30–18.30 Uhr).

64 _ Der Monte Stella

Hügel der Gerechten

Der seltsame Stadtpark entstand aus den Trümmern des Krieges und formt einen Kegel, der dem Turm von Babel ähnelt. Die Reste der Häuser, die 1943 und 1944 bombardiert worden waren, mussten ja irgendwo bleiben. So wurde während des Wiederaufbaus der Monte Stella entworfen, 50 Meter hoch statt den eigentlich geplanten neun.

Von seinem Gipfel aus hat man einen außergewöhnlichen Blick auf die Alpen. Wegen des Höhenunterschiedes ist der Monte Stella ein beliebter Trainingsort für Sportler, Walker, Jogger und Radfahrer. Wege und Pfade winden sich um den Hügel herum, kreuzen sich immer wieder und bilden so unendlich viele mögliche Wege, auch wenn die waghalsigeren Biker die schnellen Abfahrtswege und Abkürzungen à la Downhill bevorzugen. Nach einem halben Jahrhundert sind die Bäume schon recht hoch und erzeugen im Sommer eine frische und angenehme Umgebung, dank Ahorn, Zürgelbäumen, Ulmen, Birkenwäldchen, Platanen, Zedern und Rosskastanien.

Lustig ist auch, dass es im Winter nur ein wenig schneien muss, und schon ist der »montagnetta«, wie die Mailänder den Berg nennen, übersät mit Schlitten, Snowboards und Skiern. Unglaublich, wie eine so kleine Erhebung zum Spielfeld kreativer Ideen wird, vor allem in Anbetracht der Alpen, die man in der Ferne sieht.

2003 wurde eine Fläche von 300.000 Quadratmetern im Monte Stella Park dem Gedenken derer gewidmet, die ihr Leben dem Wohl der Menschheit opferten. So entstand der Giardino dei Giusti. Es handelt sich um eine Wiese, auf der für jeden »Gerechten« ein Baum gepflanzt wurde: für Pietro Kuciukian, der sich geopfert hat, um die Armenier zu retten; für Friedensnobelpreisträger Fridtjof Nansen aus Norwegen; für den ermordeten libanesischen Politiker Samir Kassir; für die russische Journalistin Anna Politkovskaja, die das Blutbad an zivilen Tschetschenen anprangerte, und viele mehr. Aus so viel Kraft können nur ungewöhnliche Bäume wachsen.

Adresse 4 Eingänge: Via Cimabue (Giardino dei Giusti), Via Sant'Elia, Via Enrico Terzaghi und Via Isernia, 20148 Mailand | **ÖPNV** M 1 Rot, Haltestelle QT8; Bus 68, Haltestelle Santa Maria Nascente; Bus 40, 69, Haltestelle Croce / Sant'Elia | **Tipp** In der Via Paolo Uccello 19 befindet sich die Villa Fossati, die als »villa triste« (trauriges Haus) bekannt ist, weil sich dort im Juni 1944 die berüchtigte Koch-Bande ansiedelte. Die Nazis folterten hier politische Gefangene. Die Familie Fossati, die nicht mehr in dieses Haus zurückwollte, hat es dem religiösen Institut gestiftet, das seitdem hier seinen Sitz hat.

65_Das Museo Interattivo del Cinema

E-Mail von Robert De Niro

Eine Zeitreise: Sie steigen aus der lila Metro (ohne Fahrer) und begeben sich in das schmucklose Gebäude der früheren Tabakmanufaktur, deren große Aufschrift sich immer noch von der Fassade abhebt. Nach nur ein paar Stufen erreichen Sie den Tempel der Brüder Lumière, des guten alten Schwarz-Weiß-Films. Hier beginnt der Rundgang durch Puppen, alte Maschinen und Bildschirme: ein Archiv mit Tausenden von Filmen, 30 Stunden gedrehten Materials, das nun auf den interaktiven Bildschirmen zu sehen ist – mehr als 100 Themen zwischen Kameras und Projektoren. Geben Sie sich dem Größenwahn ein wenig hin, versuchen Sie, Robert De Niros Stimme nachzusprechen, und senden Sie sich die Aufnahme dann selbst per E-Mail. Sie können auch das futuristische Mailand Marinettis, Ballas und Deperos bestaunen oder herausfinden, wer Italo Pacchioni war: der Kino-Pionier Mailands nämlich. Er hat auch die Aufnahme von der Beerdigung Verdis 1901 gemacht.

»Sprechende Schränke« sind in verschiedene Themen aufgeteilt, Sie brauchen nur eine Karte einzuschieben, damit der gewünschte Film erscheint. Für jeden ist hier etwas dabei: die italienischen Diven der 20er, Animationsfilme aus den 50ern, sogar Fernsehwerbung, wie sie in den italienischen Haushalten lief. Legendär ist auch das Zeichentrickmännchen Lagostina von Osvaldo Cavandoli.

Auf einer erleuchteten Karte können Sie die Stadt, das Viertel oder sogar den Platz anklicken, an dem ein Film gedreht wurde, und die Emotionen an den Sets von Fellini, Pasolini und Visconti miterleben, von denen das Museum Original-Skizzen und Zeichnungen besitzt. Wer am Ende eine Meinung anhören (oder seine eigene abgeben) möchte, stellt die Füße in die Abdrücke vor der Mauer »Senti chi parla« (Kuck mal, wer da spricht«) und unterhält sich mit der Persönlichkeit, die im Hologramm erscheint.

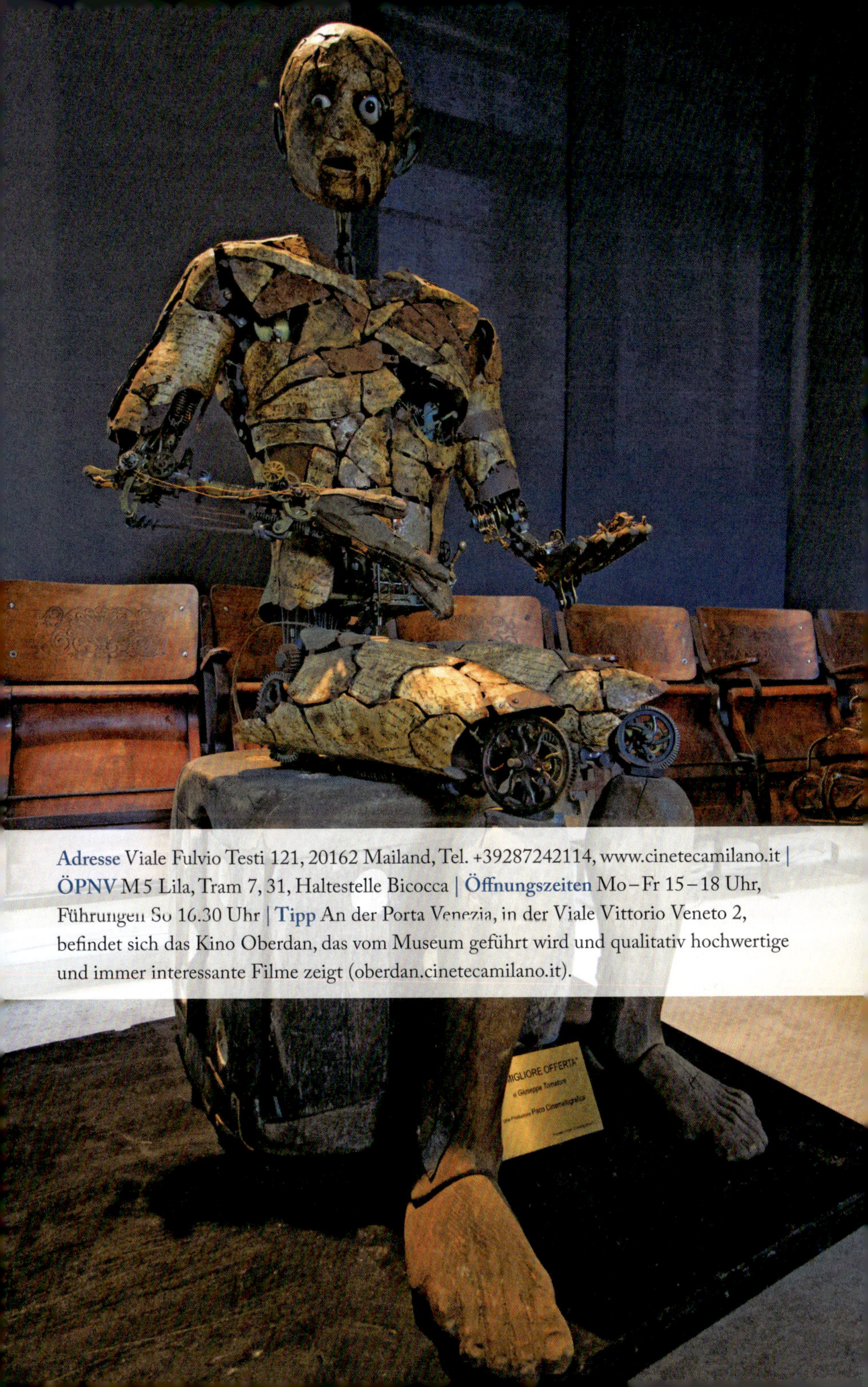

Adresse Viale Fulvio Testi 121, 20162 Mailand, Tel. +39287242114, www.cinetecamilano.it | **ÖPNV** M5 Lila, Tram 7, 31, Haltestelle Bicocca | **Öffnungszeiten** Mo–Fr 15–18 Uhr, Führungen So 16.30 Uhr | **Tipp** An der Porta Venezia, in der Viale Vittorio Veneto 2, befindet sich das Kino Oberdan, das vom Museum geführt wird und qualitativ hochwertige und immer interessante Filme zeigt (oberdan.cinetecamilano.it).

66_Das New Old Camera

Reich der Vintage-Fotografie

Die teure alte Kamera hat im Hof von Ryuichi Watanabe ein gemütliches Zuhause in einer Vitrine mit Sammlerstücken gefunden. Wie so häufig in Mailand überraschen Gebäude mit versteckten, ungeahnt malerischen Innenhöfen wie diesem in der zentralen Via Dante. Schon beim Eintreten fällt die romantische Atmosphäre einer Welt in Schwarz-Weiß auf, wo es noch Fotografie statt Foto heißt und wo die Kunst des Einfangens und Auslösens sich im mechanischen Wunder einer Kamera vereint.

Die Strenge des Zen und der Poesie bilden den Angelpunkt von Watanabes Philosophie. Er ist Orchesterdirigent, gebürtiger Japaner und kam wegen seiner Neigung zur Lyrik ins Land. Zudem hat er eine musikwissenschaftliche Ausbildung; um seinen Gesang zu perfektionieren, machte er Mailand zu seiner Wahlheimat. Die Liebe zu schönen Dingen ist wie Unkraut: Ryuichi ging vom Gesang zur Fotografie über. Seine Leidenschaft für Kameras entwickelte er weiter und schuf in diesem Hof innerhalb weniger Jahre einen Treffpunkt (nicht nur) für Leica-Liebhaber.

Hier treffen Sie auf außergewöhnliche Kompetenz und können sich mit einem Team von Fotografen und Experten, die auf jedem Apparat zu spielen wissen wie auf einer Klaviatur der Lichtbild-Mechanik, über Reparaturen austauschen.

Manche kommen hierher, um hier ihre geliebte Kamera zu verkaufen, und wer bis zum Ende unentschlossen ist, ob er sie weggeben soll oder nicht, kann sich wenigstens damit trösten, dass sie hier in die Hände von jemandem gelangt, der ihr genauso zugetan ist wie er selbst. Andere kommen nur, um sich den alten Mailändischen Hof und die Vitrinen anzusehen oder eine sehr seltene Rolleiflex Wide mit Zeiss-Linse oder eine Leica M 2 von 1962 zu bewundern. Hier werden Kurse organisiert, man kann einen Blick in die Fotogalerie werfen oder unterhält sich mit anderen Fotografen über Ideen und Vorstellungen, bis es klick macht.

Adresse Via Dante 12, Via Rovello 5, 20121 Mailand, Tel. +39236589216, www.newoldcamera.it | ÖPNV M 1 Rot, Haltestellen Cairoli und Cardusio; Tram 16, 27, Haltestelle Dante; Tram 1, Haltestelle Cairoli | Öffnungszeiten Mo 15.30–19 Uhr, Di–Sa 10–13 Uhr und 15.30–19 Uhr | Tipp Im Largo Cairoli 2a liegt das Parallelozero Cafè, das von einer Foto-Agentur bekannter Fotoreporter geführt wird. Genug Platz für Ausstellungen und Treffen (siehe Webseite: www.parallelozero.com).

67__N'Ombra de Vin

Eine Kellergeschichte

Um in die Welt von Bacchus einzutauchen, steigen Sie am besten die Treppe in den ehemaligen Speisesaal der Augustinermönche neben der Basilika San Marco hinab. Wir befinden uns hier in Brera, und der Saal aus dem 16. Jahrhundert ist perfekt erhalten, zweigeteilt durch tragende Gewölbekreuze mit einer Reihe von Granitsäulen in der Mitte. Die Kühle des Kellers und seine antike Atmosphäre sind ein idealer Rahmen für diesen Weintempel mit seinen Regalen voller Weinflaschen und Weinkisten überall.

Der Stolz der Familie Corà, deren amtierender Erbe Cristiano heißt, sind rund 3.000 Etiketten, fast ein Drittel französischer Cru mit Herkunft aus Bordeaux und Burgund. Das Lokal, das 1977 von Cristianos Vater eröffnet wurde, war anfangs nur als Laden gedacht, entwickelte sich aber zu einem der besten Restaurants Mailands. Ausschank und Weinproben kamen hinzu; in rasendem Tempo ging es Richtung Kult-Weinstube des »Milano da bere«, ein Begriff, mit dem man die Nachtschwärmer der florierenden 80er bezeichnete.

Auch heute noch gilt das »N'Ombra de Vin« als eines der renommiertesten Feinschmeckerlokale am Platz. Zum Aperitif steht hier schon eine Menschenmenge vor dem Eingang der »Wine Bar«. Die Karte mit offenen Weinen, die man trinken kann, während man einen Happen vom Abendessen zu sich nimmt, besteht aus einer Auswahl von Dutzenden Weinen. Unten, am Fuß der Treppe, befindet sich ein alter Schanktresen aus Holz, auf dem in einer hübschen Wanne Weißwein und Spumante servierfertig gekühlt werden.

Die Etiketten, die Sie hier unten finden, zeigen besondere Aufmerksamkeit gegenüber Wein aus dem Piemont mit Barolo an der Spitze, aber auch gegenüber »Super Tuscan« wie dem Brunello Rosso di Montalcino.

Was wirklich zählt, ist die Intuition von Cristiano Corà, jene neuen Produkte zu finden, die im Kommen sind, denn sie bilden die exquisiten Überraschungen des Hauses – natürlich zu ihrem Preis.

Adresse Via San Marco 2, 20121 Mailand, Tel. +3926599650, www.nombradevin.it | **ÖPNV** Lanza und M2 Grün, Haltestelle Moscova; Bus 61, Haltestelle Pontaccio | **Öffnungszeiten** Mo–Sa 9–1.30 Uhr | **Tipp** In der Via Solferino 27 hängt ein Schild, das auf den Wohnort des Musikers Giacomo Puccini hinweist, der hier von 1887 bis 1990 lebte und unter anderem »La Bohème« und »Tosca« komponierte.

68 Die Osteria del Treno

Trattoria der Eisenbahner

Die Freizeitorganisation war für Eisenbahner da, gleich an der Stazione Centrale, und noch heute gehört der Raum der Società Nazionale di Mutuo Soccorso Cesare Pozzo. Es ist ein seltenes Beispiel für Sozialbauten vom Ende des 19. Jahrhunderts (1877) im Wiener Jugendstil. Ab 1898 befand sich hier der Sitz der Arbeiterbewegung; 1905 begann hier der erste nationale Streik von Bedeutung. Im Obergeschoss befinden sich noch immer Fotografien und rote Fahnen, die an die hitzigen politischen Versammlungen erinnern.

Heute verwandelt sich der monumentale Saal der Eisenbahner mit seinen Eisensäulen und den fein bearbeiteten Geländern der Galerie an Sonntagen in einen langen Tango-Saal. Am Ende der Tanzfläche thront ein Flügel, und die Tische sind mit weißer Tischdecke und Kristallgläsern eingedeckt. Hier werden viele Events zu Weinproben abgehalten, organisiert vom Besitzer Angelo Bissalotti, der hier 1989 seine ersten »Guida delle osterie d'Italia« (Osterien-Führer Italiens) präsentierte und vier Jahre später den Mailänder Slow-Food-Club gründete.

Zur Mittagszeit kann man nicht reservieren, Angelo möchte den Geist der Arbeiter von damals beibehalten. Die Atmosphäre ist gesellig, familiär und natürlich wie in einer alten Osteria, mit täglich wechselndem Tagesgericht, das man sich selbst vom Koch holt. Abends spielt eine andere Musik, das Abendessen gerät zu einer Spielart der Haute Cuisine – mit der allerdings auch der Preis steigt: Es schlägt die Stunde der traditionellen lombardischen »cassoeula«, der Salamis aus dem Orcia-Tal, geräuchter Gans, Tortellini mit Almkäse – mehr als zehn verschiedene Slow-Food-Varianten, die aus italienischen, qualitativ hochwertigen Produkten zubereitet werden. Nicht zufällig tragen die Kostproben von Salamis und (leckeren) Käsesorten die Namen der Hersteller. Kombinierbar mit einer der 70 Weinsorten. Nicht schlecht für einen ehemaligen Arbeiterverband.

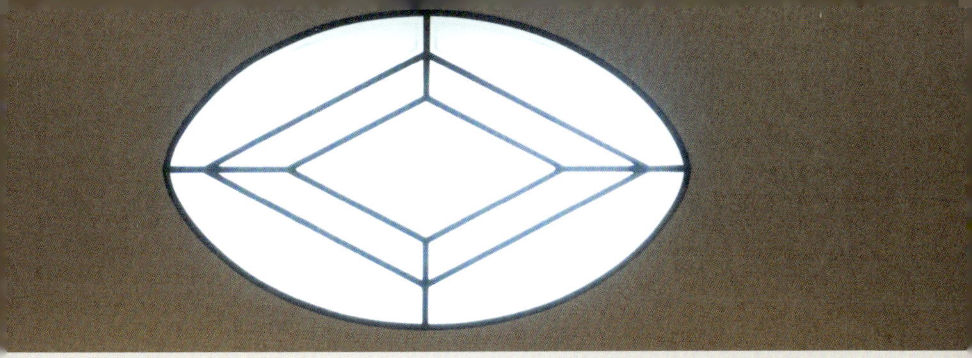

Adresse Via San Gregorio 46, 20124 Mailand, Tel. +3926700479, www.osteriadeltreno.it | **ÖPNV** M 1 Rot, Haltestelle Lima; M 2 Grün, Haltestelle Stazione Centrale; M 3 Gelb, Haltestelle Repubblica; Tram 5, 33, Haltestelle Regina Giovanna; Tram 1, Haltestelle Lazaretto | **Öffnungszeiten** Mo–Fr 12.30–14.30 Uhr und 20–24 Uhr, Sa, So 20–14 Uhr | **Tipp** In der Via Felice Casati 12 befindet sich ein besonderer Blumenladen: Mint Market. Renato Baldini, der aus der Modewelt kommt, hat einen kleinen Designer-Blumenladen eröffnet, gleichzeitig ein angenehmes Café-Bistro (Mo–Fr 8–24 Uhr; Sa, So 8–2 Uhr).

69 Der Palast des Kaisers

Als Mailand Hauptstadt war

Hauptstadt, das ist in Italien ein Synonym für Rom. Nur wenige wissen, dass auch Mailand einmal zwischen 286 und 402 n. Chr. die Hauptstadt des Weströmischen Reiches gewesen ist. Obwohl die verbliebenen Spuren nicht vergleichbar sind mit denen der Ewigen Stadt, so hat das heutige Mediolanum doch eine archäologisch interessante Geschichte.

Folgen Sie einfach den roten Markierungen auf den Gehwegen. Am besten beginnen Sie in der Via Brisa, denn hier befinden sich die Überreste eines kaiserlichen Palastes, der sich neben den republikanischen Mauern erhob und deren Umfang erweitert wurde, als Massimiano beschloss, den Kaiserthron nach Norden zu verlegen.

Zwischen Unkraut und streunenden Katzen macht es ein bisschen Mühe, von den erhaltenen Grundmauern zum königlichen Wohnsitz aufzusteigen, der, weil er mit einem Heizsystem ausgestattet war, zunächst für eine antike Therme gehalten wurde.

Die gesamte Umgebung wurde auf das Ende des 3. Jahrhunderts datiert, kurz nachdem der römische Hof seine Ansprüche hier geltend gemacht hatte. Es wurde sogar ein an den Palast angrenzendes Hippodrom erbaut, denn die Rennen mit von Pferden gezogenen Bigas waren von den Mailändern sehr geschätzte Events. Der Kaiser höchstpersönlich wohnte ihnen bei, kam direkt aus seinem Palast und nutzte die Gelegenheit, sich blicken zu lassen, eine coole PR-Nummer. Der Zirkus war von zwei Türmen eingerahmt; von einem von ihnen kann man in den Hof des nahe gelegenen Museums für Archäologie im Innern des Monastero Maggiore von Dan Maurizio sehen. Der Turm ist heute nur noch erhalten, weil der Architekt, der die Kirche baute, ihn als Glockenturm wiederverwendete.

Das ist genau das Problem des römischen Mediolanum, das buchstäblich Stein um Stein, Marmor um Marmor, Säule um Säule abgebaut wurde, um die neuen Gebäude des Christentums zu errichten. Die Metropole Mailand – sie bleibt eine eher unewige Stadt.

Adresse Palazzo Imperiale, Via Brisa, 20123 Mailand | ÖPNV M1 Rot, Haltestelle Cairoli; M2 Grün, Haltestelle Cadorno; Tram 16, 27, Haltestelle Meravigli; Bus 50, 58, 94, Haltestelle Largo D'Ancona | Tipp Im Corso Magenta 15 befindet sich das Museo Archeologico, in dem das römische Mediolanum illustriert ist. Man kann die Reste des Zirkus, die Mauern von Massimiano und den vieleckigen Turm aus dem 3. Jahrhundert mit Fresken aus dem 13. Jahrhundert im Innern sehen (Öffnungszeiten Di–So 9–17.30 Uhr).

70_Der Palazzo Morando

Das Museum von Mailand

Nachdem man sich zwischen den Laufstegen der Via della Spiga und denen der Via Montenapoleone die Nasen an den Schaufenstern der elegantesten Marken Italiens platt gedrückt hat, bedeutet das Betreten des Hofes des Palazzo Morando einen Sprung in die Geschichte. Das prächtige Gebäude aus dem 16. Jahrhundert, das im Laufe der Jahrhunderte bekannte Mailänder Familien bewohnt hatten, war der Stadt 1945 vermacht worden.1958 öffnete es seine Türen als städtisches Museum der Öffentlichkeit.

Hier werden Mailand, seine Geschichte und seine Wandlungen in Bildern aus der Kollektion Beretta dargestellt. Es ist ein malerischer Rundgang, der anonymen Menschen aus der Masse Gesichter verleiht, Mengen, die sich im Theater versammeln, durchschnittliche Städter jeder sozialen Klasse bis hin zum Milchmann, Hufschmied, Kutscher, Schokoladenverkäufer und der Amme.

Wie war das Flanieren im Corso Vittorio Emanuele um 1934? Und wie der Naviglio der nahe gelegenen Via Senato, als »el barchett« noch durch die kaufmännische Wasserstraße fuhr?

Auch sehenswert: die Repräsentationssäle der Wohnung Morando Attendolo Bolognini aus dem 18. Jahrhundert. Sie wurden im Stil der Zeit eingerichtet und so zu ihrem alten Glanz gebracht. Wenn Sie sie durchschreiten, haben Sie fast das Gefühl, Gast eines historischen Empfangs zu sein.

Geschichte wird hier jedoch auch noch anders erzählt. 2010 nahm das Gebäude das Museum für Mode und Kleidung der Stadt Mailand auf, eine Sammlung von 6.000 Einzelstücken, die im Rundgang des Museums zu finden sind und aus verschiedenen Epochen vom 18. Jahrhundert bis heute stammen. Wie etwa die auffälligen Kleiderpuppen mit plissierten Kleidern des japanischen Designers Issey Miyake, die von der Mailänder Galeristin und Kunsthistorikerin Claudia Gian Ferrari gestiftet wurden. Gräfin Lydia Capara Morando Bolognini wäre darüber »not amused« gewesen.

Adresse Via Sant'Andrea 6, 20121 Mailand | ÖPNV M 1 Rot, Haltestelle San Babila; M 3 Gelb, Haltestelle Montenapoleone; Bus 61, 94, Haltestelle Senato; Tram 1, Haltestelle Manzoni | Tipp An der Piazza Cavour befindet sich eine Grabstele aus Marmor (1. Jahrhundert n. Chr.) auf den Bögen der Porta Nuova, die die älteste Szene eines Stoffverkaufs darstellt. Vielleicht war C. Vettius, der in der Schrift genannt wird, der Stoffhändler.

71 Der Park der Basilika

Hexensabbat

Wie schön wäre es, kehrten Hexen und Hexer hierher zurück und hauchten dem Parco delle Basiliche mit ihrem verrückten, frechen und ausschweifenden »Sabbat« Leben ein. Das würde genügen, um die Schande des »damnatio memoriae« zu tilgen – der einst üblichen Verdammung bestimmter Verstorbener aufgrund mutmaßlicher »Gräueltaten«, die sie im Leben begangen hatten. Ein Zeugnis davon befindet sich in der Kirche Sant'Eustorgio, wo von einer Gedenktafel die Inschrift einer geheimnisvollen Persönlichkeit gelöscht wurde, sodass ihr Name in Vergessenheit geriet. Die Kirche, die im Mittelalter über ein Inquisitionsgericht verfügte, befindet sich in den südlichen Ausläufern des Parks.

Tagsüber sind hier nur Kinder, Babysitter und Rentner mit Hund; der gut gepflegte Rasen reicht jedoch nicht aus, um die Erinnerung an das Geschehene zu tilgen: 1617 wurde zwischen den heiligen Säulen der Basilika San Lorenzo Catarina de' Medici der Hexerei beschuldigt und auf dem Scheiterhaufen verbrannt. Heute treffen sich hier die jungen Leute auf ein Bier, und nichts stört das fröhliche Treiben um die Porta Ticinese.

Auf der Piazza Vetra hingegen dreht der Teufel des Nachts offenbar noch immer seine Runden – in Gestalt der Joints, Spritzen, zerbrochenen Flaschen und Graffiti, die trotz der regelmäßigen Razzien der Polizei nicht in den Griff zu bekommen sind. Nach Sonnenuntergang herrscht auf dem Platz Anarchie, Ablehnung gesellschaftlicher Regeln; es ist ein ganz anderer Menschenschlag, der sich hier einfindet. So wird man im Mittelalter emanzipierte Frauen, Besserwisser, Ketzer und Freigeister betrachtet haben.

Eine düstere Geschichte ist auch die des Barbiers Gian Giacomo Mora, der von seinen bigotten Nachbarinnen, die ihn von ihren Fenstern im Corso di Porta Ticinese aus beobachteten, bezichtigt wurde, die Pest zu verbreiten. Er starb im Sommer 1630 auf dem Schafott. Da lobt man sich doch Handschellen …

Adresse Piazza Sant'Eustorgio, Via Molino delle Armi, Piazza Vetra, 20123 Mailand | **ÖPNV** Bus 94, Haltestelle Molino delle Armi/Vetra; Bus 163, Haltestelle Ticinese/S. Eustorgio | **Tipp** Gegenüber von San Lorenzo erinnert eine Gedenktafel an das Haus von Gian Giacomo Mora, das zerstört und an dessen Stelle eine Schandsäule errichtet wurde (1778 entfernt).

72_Peck

Der Wursthändler

Der Stolz der lombardischen Gastronomie zeigt sich in den Schaufenstern der Via Spadari. Lange vor Slow Food und anderen Dingen, die man mit der italienischen Küche verbindet, gab es bereits Peck.

Wenige wissen, dass die schickste Salumeria schon 1883 in der Via Orefici von einem Kaufmann aus Prag eröffnet wurde, ebenjenem Francesco Peck. Er importierte kulinarische Spezialitäten aus dem Ausland, vorzugsweise Österreich-Ungarn, vor allem Fleisch, Wurst, Räucherschinken und den duftenden Speck.

Anfangs waren die Mailänder argwöhnisch, doch schon sehr bald konnten sie der Verführung durch den neuen Wursthändler nicht mehr widerstehen. Vom Prinz von Savoyen bis zum Dichter Gabriele D'Annunzio waren alle hin und weg. Letzterer schwärmte in einem Brief von einem Wohlgeschmack, »genommen aus dem Garten der Hesperiden«, oder von den »roten Langusten und dem duftenden Trüffel«.

Anfang des 20. Jahrhunderts zog das Geschäft ins Haus an der Via Spadari, dessen Fassade allein schon einen Besuch wert ist. Schmiedeeiserne Balkone umrahmen die Fenster des Bar-Restaurants im ersten Stock, wo Sie bis zu 200 verschiedene Getränke probieren können, unter anderem Früchte-, Schwarz- und Kräutertees und verschiedene Kaffeeröstungen. Um den Weinkeller mit über 3.000 Sorten, die hier in kontrolliertem Klima konserviert werden, zu bestaunen, steigen Sie die Treppe hinab. Früher einmal kamen die Schüler des Viertels her, um sich hier ein Panino zubereiten zu lassen. Heute ist Peck vor allem für Tapfere interessant, denn nicht nur die Rotisserie erinnert an einen Juwelier. Nur nicht einschüchtern lassen!

Auch das Eis ist Gourmetklasse mit wenigen, doch sehr exquisiten Geschmacksrichtungen, wie es sich für ein echtes Eiscafé gehört – Zabaione, Walnuss, Kastanie … Allererste Qualität. Wer sparen möchte, geht zur Peck Bar in der nahe gelegenen Via Cantù, genannt das »Peck der jungen Leute«.

Adresse Geschäft: Via Spadari 9, Bar: Via Cantù, 20123 Mailand, Tel. +3928023161, www.peck.it | ÖPNV M 1 Rot, Haltestelle Cordusio und Duomo; M 3 Gelb, Haltestelle Duomo | Öffnungszeiten Geschäft: Mo 15.30–19.30 Uhr, Di–Sa 9.30–19.30 Uhr; Bar Mo–Sa 7.30–22 Uhr | Tipp In der Via Victor Hugo 4 befindet sich das Restaurant von Carlo Cracco, einem preisgekrönten italienischen Koch: 2 Michelin-Sterne, extrem feines Ambiente (Tel. +392876774, www.ristorantecracco.it).

73 Die Piazza Gae Aulenti

Trompeten auf dem Platz

In einem Land, das so reich an Geschichte und Monumenten ist, wird es schwierig, eine Stadt zu finden mit genug Platz, etwas abzureißen und neu aufzubauen. Mailand ist das gelungen. Die neuen Wolkenkratzer zwischen der Porta Nuova und dem Bahnhof Porta Garibaldi haben sich in wenigen Jahren zur Skyline einer Metropole entwickelt, die sich vor die Konturen der Alpen und des Monte Rosa schiebt. In anderen Ländern sind solch drastische Veränderungen an der Tagesordnung, nicht so in Italien mit seiner starken Neigung, alles zu erhalten. Sosehr die Nostalgiker auch dem alten grauen Viertel der Varesine hinterhertrauern, die Piazza Gae Aulenti verschafft ihren Zukunftsvisionen mit gewagten Formen aus Kristall, Stahl und Modernität Raum. Die Fläche von 2.300 Quadratmetern erforderte die Beschäftigung von zwanzig Architekturstudios aus acht Nationen; Urheber des Projekts war der Argentinier Cesare Pelli.

Gigantische Anstrengungen machten diesen Platz in der Altstadt im neuen Millennium heimisch. Die Mailänder haben es mittlerweile akzeptiert und kommen sonntags her, um hier über die Brücke der Via Melchiorre Gioia zu spazieren, die das alte Brera mit der neuen Mailänder Défense verbindet. Wer einen kühlen und unbehaglichen Ort erwartet, wird enttäuscht. Die Piazza ist authentisch belebt, hell und birst beinahe vor Phantasie. Wie etwa die »Trompeten«, die sich auf der Südseite Richtung Corso Como unten an den Rolltreppen befinden und von Glasscheiben geschützt sind. 23 Messingrohre übertragen die Stimmen der Piazza bis in die Untergeschosse des Einkaufszentrums wie eine Art Ohr des Dionysos, dem man nicht widerstehen kann. Groß und Klein versuchen ihre Worte durch die großen Bläser zu jagen. Ein weiterer Grund, hierherzukommen, sind die oft besuchten Kicker-Tische. Offenbar entdeckt die Generation Videospiel auch das Haptische ganz neu. Italienisch konservativ?

Adresse Piazza Gae Aulenti, 20124 Mailand | **ÖPNV** M2 Grün, Tram 33; Bus 37, Haltestelle Garibaldi | **Tipp** Im nördlichen Teil der Piazza befindet sich die Feltrinelli-Buchhandlung RED (Read-Eat-Dream) mit Tischen im Freien für eine nette Pause. Von hier kommt man über den Fußgängerweg zu dem 26 Stockwerke hohen vertikalen Wald und dem Palazzo della Regione, dem höchsten Gebäude der Stadt.

74_Das Piccolo Teatro

Strehler macht Revolution

Mailand, 14. Mai 1947. Paolo Grassi, Giorgio Strehler und Nina Vichi eröffnen das erste kommunale Theater in Italien, eine Revolution im Bereich Kultur. Im programmatischen Manifest heißt es: »Wir glauben nicht daran, dass das Theater das bequeme Überleben eitler Gewohnheiten oder eine abstrakte Hommage an die Kultur darstellen sollte.«

War das Theater doch sonst eher ein Ort, an dem sich die (geschlossene) Gesellschaft traf, um bestenfalls ihren Bildungsverpflichtungen nachzukommen. Anders diese Renaissance-Bühne im Palazzo del Broletto, die als erste Mailands der gesamten Öffentlichkeit gewidmet wurde. Man kommt daran vorbei, wenn man die Via Dante entlangläuft, und verspürt sofort Lust, einzutreten, einen Espresso zu trinken und nachzuschauen, was das Programm zu bieten hat. Nach wie vor achten die Theatermacher auf Experimentierfreude.

Sein Debüt gab das Piccolo Teatro mit dem »Nachtasyl« von Gorki und ist seitdem seiner Linie treu geblieben, ungezähmt und unvorhersehbar zu sein. Von Goldoni bis Garcia Lorca, von den Tragödien Shakespeares bis zum Realismus Tschechows; vom epischen Theater Brechts bis zum absurden von Genet kommt hier alles auf die Bretter. Es ist ein »Kunsttheater für alle« – wie ein fröhlicher Slogan kundtut –, das niemals seine demokratische, zivile und soziale Berufung aufgab.

Bis 1998 wurden 300 Stücke aufgeführt, Regisseur Strehler leitete 200 davon; dann wurde das Zepter an Sergio Escobar und an Luca Ronconi übergeben. Strehler ist noch immer auf dem Spielplan präsent, auch wenn heute die »Piccoli«-Theater drei an der Zahl sind: Grassi (das traditionsreiche Theater mit 488 Plätzen), Strehler (das modernere, fast 1.000 Plätze) und Studio (368 Plätze), in dem die Theaterschule ihren Sitz hat. Um Stücke zu diskutieren, schaut man einfach auf einen Sprung in das Café am Kreuzgang des Palazzo Broletto hinein. Ein Sprung, der die Welt bedeuten kann.

Adresse Via Rovello 2, 20121 Mailand, Tel. +39848800304, www.piccoloteatro.org | **ÖPNV** Cairoli und M 1 Rot, Haltestelle Cordusio; Tram 1, Haltestelle Cairoli; Tram 16, 27, Haltestelle Dante | **Öffnungszeiten** Kasse Mo – Sa 9.45 – 18.45 Uhr, So 13 – 18.30 Uhr | **Tipp** Im Corso Garibaldi 17 sieht man die alte Fassade des Teatro Fossati, heute das Piccolo Teatro Studio (Eingang an der Via Rivoli). Es war das erste, das mit elektrischem Licht experimentierte.

75 Die Pilzhäuser

Ein Wohnexperiment

Zwischen den Anfang des 20. Jahrhunderts gebauten Straßen, die aus der Stadt nach Norden führen, um Mailand mit Monza zu verbinden, verbirgt sich eine überraschend schöne, extravagante Wohngegend: die Maggiolina und das alte Villaggio dei Giornalisti (»Journalistendorf«). Letzteres wurde so genannt, weil eine Kooperative von Verlegern, Autoren und Journalisten es errichtet hat. Alles begann 1911 mit einem polemischen Leitartikel, in dem der Redakteur des »Il Secolo« anprangerte, die Aufmerksamkeit der Regierung konzentriere sich nur auf die breite Masse der Arbeiter und der Stadtbevölkerung, während es an Vierteln für den Mittelstand mangele.

Heute ist die Maggiolina eine malerische Gartenstadt mit ruhigen Sträßchen. Sie führen an schönen Jugendstilhäuschen mit von Arabesken verzierten Mauern und üppigen Gärten samt altem Baumbestand vorbei, die Türmchen und Balkone einrahmen. Hier herrscht eine Atmosphäre wie aus einer anderen Zeit, weitab vom Straßenlärm und den lauten Einkaufszentren der nahen Viale Zara.

Die Villa Mirabello ist ein wunderbares Beispiel für ein kleines Vorstadthäuschen aus dem 14. Jahrhundert, das man zum Glück von jenseits des Zauns sehen kann. Heute befinden sich hier private Büros. Das originellste städtische Experiment jedoch ist in der Via Lepanto zu entdecken, in der Nähe der Bahngleise, wo der Ingenieur Mario Cavallè kurz nach dem Krieg in Form von Pilzen und Iglus baute.

Das Projekt war weniger bizarr, als man heute annimmt. Die Idee bestand darin, eine Einheit provisorischer Unterkünfte zu bauen, um eine schnelle Antwort auf die Bedürfnisse der ausgebombten Familien zu haben. Doch die Häuschen sahen so nett aus, dass sie blieben. Seitdem sind sie bewohnt, obwohl ihnen in den 60ern der Abriss gedroht hatte. Architekt Luigi Figini, der im gleichen Viertel wohnte, war es, der den Abriss verhinderte. Hier lohnt es sich, in die Pilze zu gehen.

Adresse Via Lepanto und Via Villa Mirabello, 20125 Mailand | **ÖPNV** M5 Lila, Haltestelle Marche und Istria; Bus 42, Haltestelle Farina; Tram 5, 7, Haltestelle Zara/Laurana | **Tipp** Unweit der Pilzhäuser, in der Via Perrone di San Martino 8, entwarf Architekt Luigi Figini in den 30ern sein Haus im rationalistischen Stil, das »Palafitta« genannt wird, weil es auf Pfeilern erbaut wurde.

76_Das Pirelli-Archiv

Marilyn bis Newton

Heute weltbekannt für seine Reifen, die auf Ferraris montiert werden, war Pirelli einst viel mehr als ein Reifenhersteller. Besichtigen Sie nur das Archiv: Von Marilyn Monroes Badeanzug aus Latex bis zu Regenmänteln, von Linoleumfußboden in Turnhallen bis zu Pfennigabsätzen, von James Bonds Tauchermaske in »Octopussy« bis zu Schaumgummisofas ist alles dabei. Ein langer Weg, der 1872 begann und die Geschichte des 20. Jahrhunderts durchzieht, vor allem in Mailand. Symbol all dessen ist der »Pirellone«, damals das höchste Gebäude Europas, erbaut zwischen 1956 und 1960 aus Kriegstrümmern, um die Firmenleitung aufzunehmen, bevor diese nach Bicocca umzog.

Stets machte Pirelli mit nonkonformistischen Kampagnen auf sich aufmerksam, durchaus skandalös im katholischen, prüden Italien. Wer erinnert sich nicht an die provokanten Kalender, die in keiner Werkstatt und keiner Lkw-Fahrerkabine fehlten? Gewagt zweifellos, doch machten Namenszüge von Helmut Newtons Kaliber da vieles wieder wett. Einzigartig ist auch der Ausstellungsraum: Auf dem Boden flimmern Fernsehspots aus den 60ern; alles interaktiv. Eine Leuchttafel zeigt die Jahre des Booms, Medienstars, Formel-1-Rennen, den Bau der Metro in Mailand. Jedes halbe Jahr wechselt das Thema, denn an Material fehlt es nicht. Es gibt Dokumentationen, die auf das Jahr 1912 zurückgehen, wie die Filme von Hugh Hudson, die 1966 mit einem Pirelli-Lkw gedreht wurden, der einen von einer hübschen Frau gefahrenen GT verfolgt. Von diesem Film, der auch als Vorläufer des Films »Duell« von Spielberg gilt, existieren zwei Kopien, eine hier und die andere im MoMa in New York.

Schließlich kommen Sie in den Tresor des Archivs – das Allerheiligste, in dem sich 200 Originalskizzen, Bleistiftzeichnungen und Werbekampagnen aus den 20ern von Ugo Mulas, Bruno Munari, Renato Guttuso oder Jean Grignani befinden. Sie beflügelten die Phantasie eines Jahrhunderts.

Adresse Fondazione Pirelli: Viale Sarca 222, 20126 Mailand, Tel. +39264423971, www.fondazionepirelli.org | **ÖPNV** M 5 Lila, Haltestelle Ponale; Bus 728, Haltestelle Sarca / San Glicerio-Chiese | **Öffnungszeiten** Mo–Fr 10–17 Uhr (nur mit Anmeldung) | **Tipp** An der Kreuzung Viale Sarca, Via Pirelli sehen Sie zwischen Bäumen das schöne Häuschen aus dem 15. Jahrhundert, das Bicocca degli Arimboldi genannt wird und von dem das Viertel seinen Namen hat.

77_Die Porta Garibaldi

Pakt mit dem Sprayer

Heruntergekommen mit seinen von Sprühwüsten überzogenen Mauern, war der Bahnhof Porta Garibaldi kein reizvoller Ort für Spaziergänger. Eines Tages beschloss der Verein »Nuova Acropoli«, daran etwas zu ändern und diese Welt schöner zu gestalten. Das Glück wollte es, dass der Vereinssitz in der Nähe zu liegen kam. »Wir dachten jeden Abend darüber nach«, erzählt Laura heute. Also sind sie einen Pakt mit den Sprayern eingegangen, den Rebellen mit den Sprühdosen, die die Mauern beschmierten und denen die Stadt schon lange – wenn auch wenig erfolgreich – den Kampf angesagt hatte. Das Experiment begann 2011 in den unterirdischen Gängen des Bahnhofs. Ein Wettbewerb wurde ausgerufen, um jene Street Writer zu bestimmen, die die Graffiti-Galerie beleben sollten.

Die Teilnahme war überraschend, Schüler und Studierende des Kunstgymnasiums, der Hochschule und der Accademia di Brera bewarben sich. Das erste Treffen fand in jener Unterführung statt, die die Gleise 14–20 mit der Via Gugliemo Pepe verbindet. Unter den staunenden Blicken der Durchfahrenden nahm der Tunnel Farben und Formen an. Thema war »das Reisen«. Blob verewigte sich mit seinem Werk »Around the World«: ein Pärchen auf dem Fahrrad, das einen unglaublich großen Karren mit Büchern und seltsamen Figuren hinter sich herzieht.

Ento, Tag des Künstlerduos, das aus dem Comiczeichner Federico und der Illustratorin und Designerin Cecilia besteht, vereint verschiedene Techniken, indem sie Schablonen, Spraydosen und Acryl verwenden, um die Mannigfaltigkeit der Welt darzustellen: ein Waggon voller fröhlicher Musiker vor einer alten Dame mit roter Mütze. BeLove zieht es vor, Sprühdosen wie einen flüssigen Stift zu verwenden, und schraffiert seine Abfahrt in einem Strich in Schwarz-Weiß, im Stil der 20er. So wandelten sich 300 Meter Mauer zu einer fröhliche Schar greller Figuren. Gibt man der Jugend Raum, werden sogar die Bahnhöfe besser.

Adresse Stazione Porta Garibaldi, Gleis 20, Ausgang Via Guglienmo Pepe, 20214 Mailand – www.escoasisola.it | ÖPNV M 2 Grün, Tram 33, Bus 37, Haltestelle Garibaldi | Tipp Das Projekt wird gerade im Bahnhof Greco Pirelli mit dem Thema »So gefällt's mir« fortgesetzt, danach sind die Station M 2 Romolo und der Bahnhof San Cristofero an der Reihe.

78 Die Rotonda della Besana

Das Kolosseum der Kinder

Seltsam, dass die architektonisch repräsentativsten Bauten der Stadt Friedhöfe sind. Doch ganz gleich, was ihre Geschichte ist: Die Rotonda della Besana ist ein Meisterwerk an Eleganz und Proportion, mit dem elliptischen Bogengang, der den Platz um San Michele ai Nuovi Sepolcri umgibt. Anfang des 18. Jahrhunderts wurde sie als foppone (großes Grab) des nahe gelegenen Ospedale Maggiore erbaut.

Von außen gleicht die Anlage einem römischen Amphitheater mit einer ziegelsteinernen Begrenzungslinie ohne scharfe Kanten, die den Blick ins Innere verwehrt. Doch wenn es möglich wäre, von oben hineinzuschauen, würde man sofort merken, dass es kein Kreis ist, sondern ein Viereck mit abgerundeten Ecken. Ein wahres Wunder sieht man, wenn man im Innern ist, von wo aus man eine Abfolge von Säulen und Bögen erkennen kann, die den begrenzten Raum unterteilen. Eine Lektion von Bramante? Nein, ein Gebäude aus dem Spätbarock, von den Architekten Attilio Arrigoni und Francesco Croce als Armenfriedhof entworfen, später von Napoleon in Kaserne, Heuschober, Reitstall, Pflegeheim und Warenlager umgewandelt.

Nachdem es schließlich wieder in den Besitz der Stadt kam, wurde das heutige MUBA daraus, Museumswerkstätten für Kinder. Es steht jedoch jedem offen, der Lust hat, in den Mauern ein bisschen Rast von der Hast zu genießen.

Im Innern gibt es ein Café, ein Bistro und eine Buchhandlung, in der Sie anspruchsvolle Kinderliteratur bekommen – wo also nicht nur Peppa Wutz vorkommt. Hier gibt es viele Initiativen: vom Designatelier bis zur Schreibwerkstatt, von Gedächtniskisten bis zu experimentellem Theater.

Stöbern Sie durch die Behälter in den Regalen, so finden Sie unendlich viel Material, Perlen, Kleber, Kartons, Eisen- und Holzstückchen sowie Fasern, aus denen man Collagen basteln kann. Klangvolle Stimuli, farbliche Assoziationen, Verwenden von Resten. Da sitzen die Eltern ganz schnell in der zweiten Reihe.

Adresse Via Enrico Besana 12, 20123 Mailand, Tel. +39243980402, www.muba.it | **ÖPNV** Tram 9, Haltestelle Monte Nero / Spartaco; Tram 12, 23, 27, Bus 60, 73, Haltestelle Corso Porta Vittori / Camera del Lavoro; Bus 77, 84, Haltestelle Besana | **Öffnungszeiten** Mo 9.30–15.30 Uhr, Di–Fr 9.30–18.30 Uhr, Sa, So 10–19 Uhr (für Informationen zu den Werkstätten auf die Webpage schauen) | **Tipp** In der Piazza Cinque Giornate 4 befindet sich die historische Gelateria Umberto – eine Offenbarung. Sie finden hier wenige Geschmackssorten, doch hohe Qualität, und wenn es nicht zu voll ist, kann man sich sogar setzen (Di–So 14–23 Uhr).

79_San Cristoforo sul Naviglio

Vor dem Jakobsweg

Nie hat San Cristoforo sul Naviglio seine Berufung aufgegeben, Wanderer zu beschützen. Eine Tradition, die weiterlebt, wie die Vielzahl der Pilger zeigt, die hierherkommen, um die Credencia zu erhalten, bevor sie sich dem Jakobsweg stellen. Die Kirche liegt für diejenigen auf dem Weg, die vom Land um Lomellina in die Stadt kommen, neben der alten Brücke über den Fluss. Heute liegt die Kirche fast in ländlicher Umgebung und ist sehr beliebt bei jungen Paaren, die hier gern heiraten. Die Rolle des Sakralbaus in der Geschichte ist so bedeutend wie die Fresken, mit denen er verziert ist.

Anfangs stand hier nur eine einfache Kapelle mit dem typischen Satteldach; erst im 13. Jahrhundert wurde die Kirche erbaut, der ein Jahrhundert später eine Unterkunft für Pilger angebaut wurde. Vom davorliegenden Platz aus erkennt man zwei Eingänge, die von der Anwesenheit zweier nebeneinanderliegender Kapellen zeugen. Die ältere, linker Hand, erkennt man an dem schönen Eingang aus dem 14. Jahrhundert mit einer fein gearbeiteten gotischen Rosette. Die rechts nennt sich Cappella Ducale; ihr Bau wurde im 15. Jahrhundert von Gian Galezzo Visconti veranlasst. Oben, neben dem Wappen Mailands mit dem Kreuz, sehen Sie das Symbol der adligen Familie mit der charakteristischen Natter. Man kann noch erahnen, dass beide Fassaden einmal reich an farbenfrohen Fresken waren, die inzwischen fast gänzlich verblasst sind. Ein segnender Jesus mit byzantinischen Einflüssen (Ende des 12. Jahrhunderts) auf der linken Seite des Apsidialbogens des älteren Schiffs wurde vor Kurzem restauriert. Einige wertvolle Holzstatuen, unter ihnen zwei San Cristoforo aus dem 14. und 16. Jahrhundert, bezeugen die Verehrung des mächtigen Patrons, des Beschützers der Reisenden. Noch heute verabreden sich die Mailänder gern hier, vor allem Radfahrer, die am Sonntag am Naviglio entlangfahren. Die Gegend ist ihnen heilig.

Adresse Via San Cristoforo 3, Alzaia Naviglio Grande, 20122 Mailand, Tel. +39248951413, www.chiesasancristoforo.it | **ÖPNV** Tram 2, Bus 324, 325, 329, 351, Haltestelle Ludovico il Moro/Pestalozzi; Bus 90, 91, Haltestelle Ponte delle Milizie | **Öffnungszeiten** Mo–So 9–12 Uhr und 15.30–19 Uhr | **Tipp** Nicht weit Richtung Zentrum befindet sich der Circolo Canottieri San Cristoforo mit Café und Restaurant im Freien, der Kanuexkursionen auf dem Naviglio auch für nicht Angemeldete anbietet (Alzaia Naviglio Grande 122, www.canottierisancristoforo.it).

80 San Maurizio al Monastero

Sistina des Nordens

Auf Gedeih und Verderb ans Kloster gebunden? Nicht unbedingt. Die gelehrten Nonnen des Benediktinerklosters San Maurizio wissen sich zu helfen, indem sie mit ihren Blicken über die wunderschönen Fresken-Szenen reisen, die an den Innenwänden der Kirche zu sehen sind. Betreten Sie die Kirche, so verstehen Sie sofort, warum sie auch als »Sixtinische Kapelle Mailands« bezeichnet wird. Unweit des Letzten Abendmahls von Leonardo da Vinci (der Meister war damals damit beschäftigt, die Felsgrottenmadonna zu malen) hatte das Kloster San Maurizio für seine Verschönerungen die besten verfügbaren Künstler der lombardischen Schule kommen lassen, unter anderem Bernardino Luini. Zu den Geldgebern des Klosters gehörte Ippolita Sforza, die Nichte des Herzogs Ludovico il Moro und Frau von Alessandro Bentivoglio, die vier ihrer Töchter in das Kloster schickte. Was bei diesem Hauptwerk der Renaissance erstaunt: Vor dem Eingang müssen Sie nicht anstehen! Und erst innen: Komplett in Temperafarben gemalt, zeigt das Gewölbe aus Fresken einen großen Reichtum an Bibelszenen, ländlichen Idyllen, kirchengeschichtlichen Episoden oder mächtigen Persönlichkeiten aus dem Geschlecht der Äbtissin.

Zahlreiche aristokratische Mädchen wurden hier in einen goldenen Käfig gesperrt, der mit der Außenwelt nur durch ein Türchen in einer Mauer kommunizierte. Die Kirche, deren Steine bis auf das Jahr 1503 zurückgehen, wurde tatsächlich mit nur einem Schiff gebaut, das in der Mitte durch eine bemalte Trennwand unterbrochen ist. Sie reicht nicht bis zur Decke, sodass die Nonnen der Messe beiwohnen konnten, ohne von außen gesehen zu werden. Jedoch waren die vielstimmigen Lieder des Frauenchores auch außen zu hören. Unter sich bleiben die Schwestern oft bis heute, denn viele wissen nichts von der Schönheit hinter diesen Mauern.

Adresse Corso Magenta 13, 20123 Mailand | **ÖPNV** M 1 Rot, Haltestelle Cairoli; M 2 Grün, Haltestelle Cadorna; Tram 16, 27, Haltestelle Meravigli; Bus 50, 58, 94, Haltestelle Largo D'Ancona | **Öffnungszeiten** Di – So 9.30 – 17.30 Uhr | **Tipp** Gegenüber befindet sich die schöne Barockfassade des Palazzo Litta, der Mitte des 17. Jahrhunderts von Francesco Maria Richini für den Grafen Bartolomeo Arese erbaut wurde. Im Innern befinden sich ein System aus Höfen und eine Prunktreppe, die zu dem ersten Obergeschoss führt, heute Sitz der Ferrovie dello Stato.

81 Santa Maria alla Fontana

Wunder des geweihten Wassers

Der Eintritt ist gratis, doch das Wunder kostet 1,50 Euro, falls der Preis nicht erhöht wurde. Im Service inbegriffen sind die Plastikbecher, die die Gläubigen nehmen können, um ihren Durst zu stillen. Nach einer Überlieferung stillte auch Carlo II. d'Amboise, Herrscher von Mailand, zu Beginn des 16. Jahrhunderts hier seinen Durst: Eine wundersame Quelle sprudelte hier direkt aus dem Felsen. Über dem Ursprung erbaute man schließlich die Wallfahrtskirche direkt über dem Heiligtum.

Betrachten Sie die Fassade der heutigen Kirche, so sehen Sie an der rechten Seite eine Treppe, die bis zur Kapelle führt. In deren Mitte befindet sich ein Becken mit elf Messingschnäbeln. Der unterirdische Teil liegt gegenüber einem Kreuzgang, der mit seinen eleganten klassizistischen Proportionen so erlesen wirkt, dass man bis vor ein paar Jahren annahm, er sei von Bramante erbaut worden, der zu jener Zeit in Mailand aktiv war.

Doch 1982 fand ein Archivar den Vertrag, der auf den 17. März 1508 datiert war und das Projekt dem Architekten Giovanni Antonio Amedeo zuschrieb. Die Fresken aus dem 16. Jahrhundert stammten aus dem Pinsel des Malers Bernardino Luini. Besonders sind auch die kleinen Monde an den Bögen aus dem 17. Jahrhundert.

Ob wegen des Glaubens an das Wunder oder weil das Wasser sauber war, was in jener Zeit die Ausnahme darstellte: Über die Jahrhunderte spielte das Sanktuarium eine wichtige Rolle im Gesundheitswesen, vor allem während der Pest.

Wiewohl das sagenhafte Wunder nicht zu einem guten Ende führte: Carlo II. d'Amboise hatte tatsächlich daran geglaubt zu genesen, doch leider handelte es sich nur um eine vorübergehende Erholung. Er starb vier Jahre später im Alter von nur 38 Jahren.

Das Wasser, das früher nur aus der unterirdischen Quelle sprudelte, fließt heute aus allen Wasserhähnen Mailands. Helfen tut allein der Glaube.

Adresse Via Thoan di Revel 28, 20159 Mailand | ÖPNV M 3 Gelb, Haltestelle Zara; Bus 90, 92, Haltestelle Stelvio/Farini | Öffnungszeiten Mo–So 8.30–12 Uhr und 15.30–17.30 Uhr | Tipp In der Via Thaon di Revel 9a befindet sich das spanische Restaurant Ajoblanco, das für seine Tapas berühmt ist. Es sind 50 verschiedene, die man an traditionellen alten Holztischen sitzend probieren kann (Di–So 18–2 Uhr, Tel. +3926686577).

82 Santa Maria la Rossa

Der Stolz, Äbtissin zu sein

Eine Kirche, Bauernhöfe, die Stadtbibliothek und eine kleine Bar, in der Signora Carla Kaffee serviert, während die Bewohner des Viertels plauschen: ein Ort für Treffen und geruhsamen Zeitvertreib in einem Viertel am Ufer des Naviglio Grande. An manchen Tagen trifft man hier sogar auf die Gruppi di Aquisto Solidale (Gruppen für ethnischen Einkauf), die Termine mit ihren Kunden ausmachen und Kisten mit frisch geerntetem Obst und Gemüse ausliefern.

Aber die Kirche: Santa Maria la Rossa heißt wohl wegen ihrer roten Ziegelsteine so. Sie ist sehr alt, doch ist nicht bekannt, wann sie entstand. Historiker fanden Schichten aus der Römerzeit, die bei Grabungen ans Licht kamen. Man entdeckte ein Gebäude mit Mosaik, das sich auf das 2. Jahrhundert datieren ließ.

Die frühchristliche kleine Gedächtniskapelle, die durch den Glasfußboden im Innern der Kirche zu sehen ist, stammt aus der darauffolgenden Epoche (4. bis 6. Jahrhundert). Die letzten Änderungen und Anbauten erfolgten in der karolingischen Epoche. Im 10. Jahrhundert schließlich nahm das Gotteshaus die aktuelle romanische Form an.

Im Kloster lebten Äbtissinnen des Benediktinerordens, manche von ihnen wurden auch in Schriftstücken erwähnt: Donna Bontà (1148) etwa, Donna Cecilia (1173) oder Donna Agata (1198). Unter den vielen weiblichen Gästen tat sich Maria de Robacarri hervor, der eine Gedenktafel gewidmet ist, weil sie im 15. Jahrhundert wichtige Restaurierungsarbeiten an der tragenden Struktur und den Fresken bewirkte. Mehr oder weniger zur gleichen Zeit wurde der Ausbau des ersten Abschnitts des Naviglio begonnen, der Mailand mit Pavia verbinden sollte, sodass 1455 der Hochzeitszug von Tristano Sforza und Beatrice d'Este hier vorbeiführen konnte. Bei »Santa Maria Ruffa« machte er eine Pause. Es ist die erste Erwähnung des Namens. Ihre Geschichte lässt sich in der städtischen Bibliothek im benachbarten Hof nachlesen.

Adresse Via Chiesa Rossa, Eingang von Via San Domenico Savio, Alzaia Naviglio Pavese, 20142 Mailand | **ÖPNV** M 2 Grün, Tram 15, Haltestelle Abbiategrasso; Tram 79, Haltestelle Savio | **Öffnungszeiten** Kirche: zur Messe; Bibliothek: Mo–Fr 9–15 Uhr, Di 15–19 Uhr, Sa 10–18 Uhr | **Tipp** 400 Meter weiter südlich entlang des Naviglio befindet sich das Fallata (fehlerhaftes Becken). Es sollte die Durchfahrt bis nach Pavia zulassen, wurde Mitte des 16. Jahrhunderts geplant, doch erst 1819 fertiggestellt.

83 Das Santeria

Die Welt in einem Hof

Das Santeria befindet sich am Stadtrand, allerdings recht nah am Polytechnikum, der Technischen Universität, und ist so zum sozialen Bezugspunkt geworden. Hier treffen sich vielseitige und geniale junge Leute, die unter der Woche in Zahlen und Algorithmen vertieft leben. Ob nun Nerd oder Hipster. Sonntags kommen sie zum Brunch her, um ein bisschen abzuschalten. Sie sitzen an den bunten Tischen draußen im Hof, ein einladender Kreativ-Raum für jede Art von Interesse.

Hier können Sie außergewöhnliche Bücher finden, Schallplatten hören, bei Lesungen helfen oder Kleidung kaufen, die nicht aus den Massenproduktionen internationaler Firmen stammt, beispielsweise aus Berlin (Ucon Acrobatics e Wemoto Clothing), aus London (Supremebeing) oder aus Sydney (Rhythm). Daneben gibt es Kreationen von Newcomern, irgendwo zwischen Bio und Streetwear, umweltbewusst und »klein, aber fein«.

Hier sprießen Ideen, Projekte und Möglichkeiten, nicht nur zum Aperitif. Tagsüber werden an den Schreibtischen der Co-Working-Spaces zu moderaten Preisen Computer, Drucker und auch Versammlungsräume bereitgestellt. In dem dreistöckigen Gebäude herrscht ein ständiges Kommen und Gehen: von Bands, die hier für Konzerte proben, bis hin zu Vernissagen von Fotografie-Ausstellungen. Zugange ist hier allerlei Volk – von Designerteams bis zu allein lebenden Berufstätigen. Jeder kann hier seine Veranstaltung planen oder an einer der vielen Initiativen teilnehmen. Darunter fallen auch Marketingkurse oder Musik-Promotion. Wer nicht allein zu Hause sitzen möchte, kommt hier auch nur mit seinem Tablet auf einen Kaffee her, um das WLAN zu nutzen; wieder andere finden sich zum Mittagessen ein. Man muss nur ein wenig Geduld haben, denn die Gerichte sind nicht vorgekocht, sondern werden erst zubereitet, sobald jemand bestellt. Langeweile kommt nie auf, im Hof ist immer jemand, mit dem Sie sich unterhalten können.

Adresse Via Privata Ettore Paladini 8, 20133 Mailand, Tel. +39236798121, www.santeriamilano.it | **ÖPNV** Bus 54, Haltestelle Don San Martino / Marescalchi; Tram 5, Haltestelle Amedeo / Paladini | **Öffnungszeiten** Bar: Di – So 11 – 22.30 Uhr, Restaurant Di – So 12.30 – 22 Uhr (Brunch nur Sa und So, am besten reservieren) | **Tipp** Wein und Schokolade in den verschiedensten Varianten sind das einzigartige Angebot der Enoteca Diapason in der Via Lomellina 48. Hier finden thematische Abendveranstaltungen, Weinproben und Treffen mit den Produzenten statt (Mo 15.30 – 19.30 Uhr, Di – Sa 10 – 13 Uhr und 15.30 – 19.30 Uhr).

84 Die Säule des Teufels

Satansspieß

Natürlich gibt es auch eine Geschichte zu der Marmorsäule auf dem Kirchplatz der prächtigsten Basilika Mailands (nach dem Dom, versteht sich). Die Kirche in romanisch-korinthischem Stil aus dem 12. Jahrhundert ist dem Stadtpatron Sant'Ambrogio gewidmet. Sie laufen einfach an der Säule vorbei, so sehr bezaubert die Schönheit des vierseitigen Bogenganges zum Eingang der Basilika. Doch ihre Bedeutung sollte nicht unterschätzt werden, denn für die Stadt stellt sie eine Art Totem gegen das Böse dar.

Man sagt, hier habe der Heilige den Teufel in Person bekämpft. Obwohl Sant'Ambrogio ein Heiliger aus den ersten Jahrhunderten nach Christus gewesen ist, müssen die Leute eine recht präzise Vorstellung von ihm gehabt haben. So lebhaft, dass sie an eine echte Auseinandersetzung glaubten, während derer Satan sich aus Versehen an der Säule aufspießte und zwei Löcher hinterließ, die noch heute zu sehen sind. Der Geruch nach Schwefel hängt noch immer in der Luft.

An der Legende könnte etwas dran sein, bedenkt man, dass die Gegend ein christlicher Friedhof gewesen ist. Wer weiß, was nach den häufigen Erdbeben im Wirrwarr aus Geistern, Vorurteilen und Autosuggestion geschah. Besonders ist sie jedenfalls, wenn doch die mittelalterlichen Herrscher vor ihrer Krönung und dem Papstschwur hierherkamen, um die Säule zu umarmen, wie ein dominikanischer Pater aus dem 14. Jahrhundert berichtet.

Ihre Schwester aus Porphyr ist nicht weniger geheimnisvoll und befindet sich im Innern der Kirche. Sie bildet den Sockel einer Bronzeschlange, die laut Legende von Moses persönlich in der Wüste geschmiedet wurde. Die Mailänder sprechen ihr wundersame Heilkräfte gegen Reptilienbisse zu. Nicht einmal Sant'Ambrogio gelang es, den Aberglauben völlig auszurotten.

Übrigens bringt es Glück, seine Finger in die Löcher zu stecken. Beim Leibhaftigen!

Adresse Piazza Sant'Ambrogio 15, 20123 Mailand | **ÖPNV** M 2 Grün, Haltestelle Sant'Ambrogio | **Öffnungszeiten** Mo–Sa 7.30–12.30 Uhr und 14.30–19 Uhr, So und Feiertage 7.30–13 Uhr und 15.20–17 Uhr | **Tipp** In der nahe gelegenen Università Cattolica, am Largo Agostino Gemelli, kann man ungehindert durch die berühmten Kreuzgänge von Bramante gehen. Sie wurden von Ludovico Sforza in Auftrag gegeben und waren Sitz des alten Klosters von Sant'Ambrogio, das von Napoleon 1799 abgeschafft wurde.

85 Das schamlose Mädchen

Ikonografie der Intimpflege

Ein Gang durch das Museum des Castello Sforzesco führt vorbei an den üblichen Söldnerführern zu Pferde, Statuen und sittsamen Madonnenfiguren aus der Renaissance, und auch zu einer Marmortafel, die nun wirklich interessant ist.

Früher stand sie – für alle gut sichtbar – vor der Porta Tosa, einem der Stadttore, das mit der Vereinigung Italiens zur Porta Vittoria wurde. Heute ist sie in einer Ecke des Saales VI versteckt, in dem die Mailänder Geschichte des Mittelalters ausgestellt ist – aus gewissem Grund. Hier nämlich ist eine Frau dargestellt, die sich das Schamhaar kämmt, einfach so. Es handelt sich um eine unter Prostituierten im 12. Jahrhundert übliche Körperpflege, um die Läuse loszuwerden.

Das Besondere an dieser Dame jedoch ist, dass sie eine Tunika und einen Kranz trägt, der ihre Haare zusammenhält, fast wie bei einer Prinzessin, eingerahmt in einer Ädikula von klassischer Formensprache. Obwohl sie einfach gehalten sind, haben diese königlichen Attribute böse Zungen behaupten lassen, hier sei die Frau Friedrich Barbarossas dargestellt, die Gattin jenes verhassten Kaisers, der Mailand 1162 dem Erdboden gleichgemacht hatte. Um seinem Ruf wirkungsvoll zu schaden, wurde, wie damals eben üblich, seine Frau Leobissa gleich mit verhöhnt.

Dies könnte der Grund dafür gewesen sein, dass sich das Werk – das auch deswegen »Tosa« hieß (dialektal für Mädchen) – ursprünglich am Stadttor befunden hatte. Ob sie nun die Frau Barbarossas darstellte oder nicht: Carlo Borromeo, der 1566 Erzbischof von Mailand wurde, fand die Maid bei der Intimpflege geschmacklos und ließ das aus seiner Sicht vulgäre Relief entfernen. Inzwischen geht man davon aus, dass die Marmortafel ein Votivbild darstellt, der keltischen Ikonografie angehört und ein gutes Omen darstellt (klar, so frisch entlaust). In der Zwischenzeit verweilt »die Königin Leobissa« sicher in den Mauern des Schlosses.

Adresse Castello Sforzesco, Piazza Castello, 20121 Mailand, Tel. +39288463700, www.milanocastello.it | **ÖPNV** M 1 Rot, Tram 1, Bus 50, 61, Haltestelle Cairoli; M 2 Grün, Haltestelle Cadorna | **Öffnungszeiten** Di–So 9–17 Uhr | **Tipp** Wenn schon von nonkonformistischen Frauenskulpturen die Rede ist, lohnt es, einen Blick auf die Pietà Rondanini von Michelangelo im ehemaligen »Spanischen Krankenhaus« zu werfen, das gerade erst restauriert wurde.

86__Das Scimmie

Jazz der Navigli

Das alte Lokal mit Livemusik ist nie gealtert und seit jeher ein zentraler Punkt des Nachtlebens in den Navigli. 1981 wurde es mit Karl Berger am Klavier und Attilo Zanchi am Kontrabass eröffnet. Gründer ist Sergio Israel, der es noch heute zusammen mit seiner Frau Monica führt. Das ursprüngliche Ziel war es, »die Musik aus den Kellern zu holen«. Zu Beginn frequentierten vor allem Jazzfans den Club, es spielten Trompeter wie Enrico Rava. Während die Schlagzeuger und Sänger improvisierten, tranken die Zuhörer in familiärer Atmosphäre Alkohol und rauchten Zigaretten (damals war das noch erlaubt), denn die Gäste waren meist die gleichen.

Schließlich avancierte das Lokal zu einer der Kult-Livebühnen in Mailand. Hier musste herkommen, wer berühmt werden wollte. Dank des Fingerspitzengefühls von Sergio als Talentscout sind hier wirklich viele aufgetreten, die später tatsächlich berühmt wurden, von Enzo Jannacci bis Elio e Le Storie Tese. Noch immer ein Erfolgsrezept! Neben Jazz, Blues und Rock gab es im Scimmie eine Zeit lang auch Kabarett.

Viele Künstler haben hier schon ihre warmen, rauchigen Stimmen ertönen lassen, begleitet von glänzenden Gitarristen oder rasanten Klavierspielern, wie man auf den Reklamen an den Wänden lesen kann: Andy Summers von The Police, der mehrere Instrumente spielt, Jazzsaxofonist Steve Lacy, die junge italienische Liedermacherin Malika Ayane und viele mehr. Doch warum von der Vergangenheit reden? Wenig hat sich in dem originellen Lokal verändert, das beginnt schon mit dem provokanten Schild mit dem Nietzsche-Zitat: »L'uomo è più scimmia di tutte le scimmie« (»Doch ist der Mensch mehr Affe als irgendein Affe«).

Ein alter Tresen und unverwüstliche Rumcocktails: Fast jeden Abend musiziert hier eine Band, und die Musik wird noch weiterspielen, wenn endgültig kein Platz mehr für Autogramme an der Wand ist, nicht einmal mehr für Ihres.

Adresse Via Ascanio Sforza 49, 20136 Mailand, Tel. +39239811039/+39289402874, www.scimmie.it | **ÖPNV** M 2 Grün, Haltestelle Romolo; Bus 92, Haltestelle Liguia; Tram 3, Haltestelle XXIV Maggio | **Öffnungszeiten** Di – So 20 – 2 Uhr | **Tipp** Gleich um die Ecke, in der Via Conchetta 20, befindet sich ein seltsames Boheme-Lokal namens Farmacia Alcolica mit Retro-Atmosphäre: Kristallleuchter, Kuckucksuhren, Möbel und Tresen aus Marmor aus einer alten Apotheke (Tel. +393394179159).

87__Das seltsame Filmarchiv

Mailand in 5-D

Unter den Arkaden der Piazza Diaz befindet sich ein seltsames, mit rotem Stoff ausgelegtes Zimmer, das man durch einen engen dunklen Gang erreicht. Niemand empfängt Sie. An der linken Wand stechen geformte Kartons ins Auge, die verschiedene Wahrzeichen Mailands darstellen: den Dom, die Scala und so fort.

Sie treten ein, verunsichert von der schäbig-altertümlichen Atmosphäre, die auf ein drittklassiges Theater hindeutet. Das Ganze wird noch seltsamer, wenn Sie bedenken, dass sich im 15. Stock dieses Gebäudes die berühmte Martini-Terrasse befindet, prunkvoller Ort mondäner Events für Stars aus TV, Finanzwesen und Politik. Man versteht nicht ganz, in welch phantasievolle Welt die seltsame Galerie führt. Erst am Ende offenbart sie ihre Berufung, nämlich, das Gedenken an das alte Mailand zu bewahren.

Das Foyer mit seinem unvermeidlichen Kronleuchter besitzt einen Tresen voller Bücher und Schwarz-Weiß-Fotografien, auf ihnen ist die Geschichte von Wein und Osterien, von Traditionen und Dialekten illustriert. Schließlich gelangt man in einen Raum, in dem historische Dokumentationen gezeigt werden. Sie begegnen einer Stadt, die so nicht mehr existiert – als noch die Navigli durch die Straßen von Brera bis hin zum Tombòn de San Marc flossen. Ein Mailand der Scapigliatura und des Futurismus mit Persönlichkeiten und Orten aus einer anderen Zeit.

Viele Kurzfilme von Guido Guerrasio, Nachbildungen der damaligen Umgebung, Blicke hinter die Kulissen der Scala, des Kabaretts und der Osterien der 50er runden das Erlebnis ab. Eine umfangreiche Dokumentation, die mit verborgenen Mechanismen unter den Holzsitzen des Saals überrascht, sodass der dreidimensionale Effekt der bereitgestellten Brillen verstärkt wird und das gezeigte Erdbeben auch die Sitze wackeln lässt – nebst spielerischen Spezialeffekten wie Wind oder Regen. Das alte Mailand lässt sich nicht lumpen und lockt in schickem 5-D.

Adresse Piazza Armando Diaz 7, 20121 Mailand, Tel. +39249438217, www.milano-a-memoria-5d.it | ÖPNV M 1 Rot, M 3 Gelb, Haltestelle Duomo | Öffnungszeiten Vorstellungen: Di – Fr und So jede Stunde ab 10.30 – 16.30 Uhr (auf Italienisch), ab 10 – 16 Uhr (auf Englisch); Mo und Sa ab 16.30 – 18.30 Uhr (Italienisch); Mo und Sa ab 16 – 18 Uhr (Englisch) | Tipp Jeden zweiten Sonntag im Monat (außer Juli und August) findet unter den Arkaden die Veranstaltung »Vecchi libri in piazza« (alte Bücher auf dem Platz) statt, an der Antiquare aus ganz Italien teilnehmen.

88_Das städtische Aquarium

Das alte Haus und das Meer

Wer an spektakuläre Hightech-Aquarien wie etwa das genuesische gewöhnt ist, für den hat dieses alte Gebäude, das zur Weltausstellung von 1906 in Mailand gebaut wurde, beinahe etwas Rührendes. Obwohl das größte Becken ab 2003 drei Jahre lang restauriert wurde, um das Haus technisch aufzurüsten, ist der Fishtank recht bescheiden dimensioniert. Doch das Herz der Mailänder hängt einfach an dem Altertümchen; Zeugin dafür ist allein schon die Zahl der Schulklassen, die sich jährlich an den dicken Scheiben die Nasen platt drücken.

So veraltet das aus heutiger Sicht populärwissenschaftliche Erscheinungsbild daherkommt: Man betrachte es am besten wie einen archäologischen Fund; ja, das Institut selbst hat etwas von einem sagenumwobenen Ungetüm aus den Tiefen der Zeitläufte. Dargestellt werden die verschiedenen Ökosysteme der italienischen Gewässer vom Alpenfluss bis zum Mittelmeer in einem Rundgang, dem man mit oder – wie die Lachse – gegen den Strom folgen kann. In künstlichen Fluten zu bewundern: die Umgebung des Comer Sees, der Deich des Po und sogar das Wrack eines gesunkenen Öltankers.

Was dieses Gebäude jedoch wirklich von anderen Aquarien abhebt, ist sein venezianischer Jugendstil. Handelt es sich doch um die einzige Halle der Weltausstellung 1906, die dauerhaft errichtet wurde – auch ganz im Gegensatz zur schnelllebigen heutigen Expo. Bei der Außenverkleidung der Unterwasserwelt orientierte sich Architekt Sebastiano Locati am geplanten Innenleben und verzierte die Basrelieffassaden aus Zement mit aquatischen Themen.

Nach so vielen Jahren ist das Aquarium von außen beinahe schöner als von innen. Es lohnt sich, es einmal zu umrunden und sich die Fische, Polypen und Krustentiere anzusehen, die sich zwischen Fries und Blendsäulen schmiegen. Ein einzigartiger Zoo aus Zement inmitten des Simplonparks – samt Neptunstatue und wasserspeiendem Nilpferdkopf. So schön kann Lowtech sein!

Adresse Viale Gerolamo Gadio 2, 20121 Mailand, Tel. +39288445392, www.acquariocivicomilano.eu | **ÖPNV** M 2 Grün; Tram 2, 12, 14; Bus 57, 61, Haltestelle Lanza | **Öffnungszeiten** Di–So 9–13 Uhr, 14–17.30 Uhr | **Tipp** Im Innern des Parks liegen neben der Arena die sogenannten »fontane dell'acqua marcia«, drei achteckige verwilderte Brunnen. Das Wasser war mangan- und schwefelhaltig, und die Mailänder schrieben ihm eine wundersam heilende Wirkung zu.

89 Die Straßenpoesie

Mauerdichter der Porta Ticinese

Wenn Sie in Carrobbio der Stadt, den schönen Häusern, den sauberen Straßen und den internationalen Schaufenstern den Rücken kehren, können Sie sich sicher sein, dass Sie sich auf dem Corso di Porta Ticinese befinden. »Einer der trostlosesten Teile Mailands«, schrieb Alessandro Manzoni in den »Promessi Sposi«.

Der Anfang wird durch ein blaues Schild mit der Aufschrift »Il bla bla uccide« (Geschwätz tötet) markiert, doch es ist klein und weit oben angebracht, sodass man es leicht übersieht. Geht man nun links, Richtung Tor mit dem alten Turm, häufen sich die Texte.

Bei den Flyern, die an den Mauern zwischen Geschäft und der nächsten Tür kleben und halb heruntergerissen sind, handelt es sich nicht um gewöhnliche Werbung; dies hier sind wütende, ironische und manchmal auch romantische Fragmente von Großstadtgedichten: »Meine Stimme übertönt jedes Gebäude, sie erhebt sich in einem unbändigen Schrei, während ich nutzlos meine zitternden, rauchenden Hände kontrolliere.« Oder: »Worte erstickt, noch bevor sie gedacht werden«, unterzeichnet von der »Bewegung für die Emanzipation der Poesie«. Eine ernste Sache.

Die Collage von Texten und Comics in einem goldenen Rahmen, die ein Mädchen vor dem Fernseher darstellt, ist unbekümmerter: »Die Regierung hat fabelhafte Programme, Drama ist die Norm.« Eine andere Botschaft betrifft die Wirtschaftspolitik von Mario Monti: »Meer und Berge. Italien ist wieder abgefahren … Diesmal komm ich nicht zurück.«

Weiter vorn, neben den Colonne di San Lorenzo, werden aus den Zetteln große Graffiti oder Werbetafeln der Ironie, etwa dort, wo ein japanisches Restaurant seine Speisekarte präsentieren wollte, doch kein Platz mehr zwischen den bunten Schriftzügen wie »Bekannter Designer signiert auch Tränensäcke« gewesen ist. Man trifft sich »in Colonne«, wie die Mailänder sagen, um auf die Piste zu gehen. Denn: »Den neuen Tag sieht man nicht mit den Augen von gestern.«

Adresse Corso di Porta Ticinese, 20123 Mailand | ÖPNV Bus 94, 163, Haltestelle Ticinese; Tram 2–14, Haltestelle Correnti | Tipp In der Via Magolfa 32 befindet sich das Museum Casa delle Arti, das der Dichterin Alda Merini gewidmet ist, die in den Navigli wohnte. Hier wurde ein Teil der berühmten Mauer der Engel aufgestellt, auf die die psychiatrieerfahrene Künstlerin Teile eines eindringlichen Gedichtes schrieb. (Do–So 18–22.30 Uhr, bei Voranmeldung auch andere Termine möglich, telefonisch erreichbar 9–13 Uhr +393317570256, www.casadelleartiste.it)

90 Das Studio Castiglioni

Atelier der Designer-Brüder

Sie haben den Alltag vieler italienischer Familien verändert, indem sie Farbe in ihre Häuser brachten: die Brüdern Achille und Pier Giacomo Castiglioni. Ein eingespieltes Designer-Team, das mit Inspiration und Einfachheit Küchenutensilien und Einrichtungsgegenstände vom Lampenschirm bis zum Radio revolutionierte.

»Die Ästhetik war kein Reiz, mein Vater legte eher Wert darauf, wie das Objekt benutzt werden sollte«, erklärt Giovanna, die Tochter von Achille, die zusammen mit ihrem Bruder Carlo die Stiftung gründete. Im Studio mit Parkettboden sind verschiedene Designerstücke chronologisch ausgestellt, vom ersten Compasso d'Oro, gewonnen 1955, bis zum Tode Achilles 2002.

Zu sehen sind sehr berühmte Projekte und andere, nie realisierte wie der Sessel Cubo aus dem Jahr 1957 – damals zu modern, um verstanden zu werden, und heute angeboten von Meritalia. Oder auch die revolutionäre Lampe Arco di Flos (1962), gehalten von einem Sockel am Boden. Damals war es noch undenkbar, eine Tischbeleuchtung zu haben, die nicht von der Decke hing.

Hier herrscht ein Kommen und Gehen von Studierenden, die zwischen den Karten, Fotos und Bildern von 484 Ausstattungsstücken, 290 umgesetzten Gegenständen und 190 Architekturprojekten stöbern. Ohne die Modelle zu zählen, für die es keine technischen Zeichnungen gibt, weil sie einfach so gefertigt wurden. Kreationen, von deren Existenz man nichts weiß, Familienanekdoten. Der Lampenschirm Gibigiana von 1972 (auch Flos) etwa rettete die Ehe Castiglioni, denn dank des reflektierten Lichts konnte Achille endlich lesen, ohne seine Frau zu stören. Sehr aktuell erscheint auch der Mayonnaiselöffel von 1962 – mit dieser Rundung, mit der man das Glas sauber bekommt. Auch weiß keiner, dass es die Designer-Brüder waren, die 1968 den Interruttore Rompitratta (von VLM produziert) erfanden, den kleinen Lampenschalter. Nur einen Euro kostet der echte Castiglioni für daheim.

Adresse Piazza Castello 27, 20121 Mailand, Tel. +3928053606, www.achillecastiglioni.it | **ÖPNV** M 2 Grün, Haltestelle Cadorna; M 1 Rot, Haltestellen Cairoli und Triennale; Bus 50, 58, 94, Haltestelle Carducci / Cadorna; Tram 1, Haltestelle Buonaparte / Ricasoli | **Öffnungszeiten** Besichtigung mit Termin Di – Fr 10, 11, 12 Uhr, Do 18.30, 19.30, 20.30 Uhr | **Tipp** Vom alten Palazzo del Verme, der im letzten Krieg zerstört wurde, gibt es noch den wunderschönen Renaissancehof. Wer es nicht weiß, kann es sich kaum vorstellen, denn man gelangt hierher durch ein modernes Wohnhaus in der Via Puccini 3.

91_Das Teatro 7 Lab

Eine Vorzeige-Küche

Durch die abends erleuchteten Fenster in der Via Thaon di Revel sieht man das Kommen und Gehen der jungen Köche, die die Küche zu ihrer Bühne machen. In der Mitte steht eine Hightech-Inoxtheke, um die sich die Lehrlinge zwischen den Töpfen, Kellen und Pfannen bewegen, um das Abendessen vorzubereiten, das sie später gemeinsam essen werden. Die abschließende Verköstigung mit Kommentaren und Kritiken ist der Clou des Abends, doch so weit muss man erst einmal kommen. Vor 23 Uhr ist es selten so weit. Es lohnt sich, vorher einen Aperitif zu trinken. Das Thema kann variieren. Am beliebtesten sind normalerweise die Anfängerkurse, die sich um Fleisch, Fisch und Reis drehen, sagt Silvia Barbato, die das Lokal zusammen mit ihrer Schwester Maria führt.

Sie lernen die besten Teile des Produkts und unterschiedliche Qualitäten erkennen, Sie lernen zu schneiden, vorzubereiten, zu marinieren, zu säubern und schließlich zu kochen, drei bis vier Rezepte an einem Abend. Der trotz seines geringen Alters mehrfach prämierte Koch Roberto Cucolo kümmert sich um die Koordination der Gruppe unbeholfener, chaotischer Neulinge bis hin zum Platznehmen am Tisch unter viel Spannung, Pfiffen oder Applaus, je nach Resultat.

Von der Straße aus gesehen wirkt das fröhliche Treiben tatsächlich wie eine Theatergruppe während der Proben für einen Auftritt, mit Einbauöfen als Bühnenbild. Ganz zu schweigen von den Tagen, an denen ein TV-Star herkommt, um seine Kochshow zu veranstalten. Die wahre Überraschung jedoch liegt in der heimischen Atmosphäre der Küche, in der übliche Haushaltsgeräte und Geschirr stehen wie in jedem anderen Haus. Sogar naschhafte Kinder können hier Mini-Köche werden. In jedem Fall muss man hier »mitmischen«. Vom Big Bang des Appetits, sprich den Antipasti, über trendiges Sushi bis hin zu traditionellen Nudeltaschen. Eine Ideenwerkstatt für ein ungewöhnliches Abendessen mit Freunden.

Adresse Via Giovanni Thaon di Revel 7, 20159 Mailand, Tel. +39289073719/ +393666664427, www.teatro7.com | **ÖPNV** M 3 Gelb, Haltestelle Zara; M 5 Lila, Haltestelle Isola; Tram 7, Haltestelle Lambertenghi | **Öffnungszeiten** siehe Homepage | **Tipp** Das Deus Café ist ein australisches Lokal, entstanden aus der Kombination von drei Leidenschaften – Motorrad, Fahrrad und Surfen –, die man in Mailand alle im Hof der Via Thaon di Revel 3 findet (Mo – So 9.30 – 1 Uhr, www.deuscustoms.com).

92__Die Therme Milano

Relaxen mit Jugendstil

An der Porta Romana, zwischen dem Verkehrschaos von Autos, Ampeln und Trams mit ihren quietschenden Rädern, deutet nichts auf die Existenz eines Ortes der Entspannung hinter den spanischen Mauern hin. Doch hier liegt ein Wohlfühl-Paradies.

Das im späten 19. Jahrhundert als Tram-Betriebshof erbaute Jugendstilgebäude, das später zu einem Theater und Ballsaal wurde, sticht mit seiner einfachen Bauweise kaum ins Auge. Im Innern jedoch sieht es gänzlich anders aus.

Von der Eingangshalle aus geht man entlang eines Flurs mit Pärchen in flatternden Bademänteln und Badelatschen, durchquert eine elegante Teestube, vorbei an einem Buffet, das überwiegend im Zeichen von Obst, Joghurt und Kräutertees steht. Bevor man sich den leichten Naschereien hingibt, lohnt es sich, die Stufen hinabzusteigen und in die Pracht des antiken Roms einzutauchen.

Man beginnt mit dem Tepidarium, geht zu dem Calidarium über, dann zu den Geysir-Becken und endet im Pool mit seinen schillernden Farben. Von einem Raum zum anderen gibt es verschiedene Möglichkeiten, angenehme Stunden zu verbringen: vom Fango bis zu Massagen; vom Hammam bis zum türkischen Bad; von Wasserfällen bis hin zur Wassermassage. Alles begleitet vom Charme klassischer Musik im Hintergrund.

An schönen Tagen ist der von stattlichen Mauern aus dem 16. Jahrhundert umgebene Außenbereich geöffnet. Er hat drei verschiedene Becken und viele Liegen, um Sonne zu tanken, die in Mailand wegen des Smogs sonst leider nur bedingt zu empfehlen ist. Hier wird die Luft von blühenden Beeten und Büschen aus Gewürzpflanzen wie Lorbeer, Rosmarin und Rosen sauber gehalten.

Doch warum steht dort die alte Tram »Holzbein« inmitten der Wiese? Antwort: Es handelt sich um eine Bio-Sauna, die bis zu 70 Grad erreicht. Mutigen sei empfohlen, nach der Sauna ins 15 Grad kalte Außenbecken zu springen …

Adresse Piazzale Medaglie d'Oro 2 (Ecke Via Filippetti), 20135 Mailand, Tel +39255199367, www.termemilano.com | **ÖPNV** M 3 Gelb, Tram 9 und Bus 62, 77, Haltestelle Porta Romana | **Öffnungszeiten** Mo–Do 9.30–23 Uhr, Fr 9.30–0.30 Uhr Sa, So 8.30–0.30 Uhr mit vorhergehendem Brunch | **Tipp** Die Porta Romana war einer der sechs Hauptdurchgänge entlang der Stadtmauer. Von oben gesehen formt sie ein Herz, deren spitzes Ende hier liegt. Nach einer Legende wurde das Tor von Filippo III. von Spanien errichtet, in Gedenken an die Ankunft seiner zukünftigen Braut Margherita von Österreich (1596).

93 Der Torre Branca

Ein alter Himmelsstürmer

Von Weitem sieht er aus wie ein Gerüst, das über den Bäumen des Simplonparks aufragt. Der Torre Littoria, heute als Torre Branca bekannt, ist mit seinen 180 Metern Höhe wirklich hoch, bedenkt man, wann er gebaut wurde.

1933 erholte sich Italien vom Ersten Weltkrieg; Mailand befand sich im industriellen Aufschwung. Die Architekten Cesare Chiodi und Giò Ponti schlugen eine pyramidenförmige Struktur vor, die dem Himmel mit Leichtigkeit und Stärke zugleich trotzt, umgesetzt aus Stahlrohren aus der Dalmine-Fabrik in Bergamo. Eine Stilübung, eher elegant als innovativ. Der Turm wird von Flanschen und Bolzen zusammengehalten, ein Vorläufer des Wolkenkratzers. Sechs Meter breit ist er am Fundament, viereinhalb Meter oben. Gerade einmal 68 Tage baute man, beinahe ein Kinderspiel. Doch aus planerischer Sicht war das Duo seiner Zeit voraus, bedenkt man, dass es sich noch immer um eines der höchsten Gebäude der Stadt handelt.

Der Turm wurde für die 5. Triennale in Mailand in Auftrag gegeben, »um aufzusteigen«, wie Giò Ponti sagte. Wegen Unbenutzbarkeit wurde er 1972 wieder geschlossen. Die Familie Branca, die bekannt ist für ihren Fernet, entschied, dieses Symbol der Stadt zu restaurieren. 2002 wurde wiedereröffnet.

Heute ist es ein Muss, auf der Terrasse einen Digestif im Gedenken an das mutige Projekt zu trinken, das heute fast schon als Industriearchäologie gilt. Seit 2002 können Sie den Turm nun auch wieder besichtigen. Mit dem sehr modernen Aufzug erreichen Sie in weniger als einer Minute die Aussichtsplattform, von der aus Sie einen Rundumblick über die Stadt haben, vom Schloss über den Dom bis zur Skyline der neuen Hochhäuser der Isola. Nur fünf Personen auf einmal dürfen auf die Spitze, wo 1939 eine erste Radioanlage installiert wurde. Es waren die ersten Schritte auf dem Weg zum Fernsehen, das erst 20 Jahre später die Häuser erreichte. Zeitreisende einsteigen!

Adresse Semplonpark, Viale Luigi Camoens, 20121 Mailand, Tel. +39233314120 | **ÖPNV** M 2 Verde, Haltestelle Cadorna Triennale | **Öffnungszeiten** Sommer: Di, Do, Fr 15–19 Uhr und 20.30–24 Uhr, Mi, Sa, So auch vormittags; Winter: (15. Sept.–15. März) Mi 10.30–12.30 Uhr und 16–18.30 Uhr, Sa 10.30–13 Uhr, 15–18.30 Uhr und 20.30–24 Uhr, So 10.30–19 Uhr, bei schlechtem Wetter geschlossen | **Tipp** In der Via Resegone 2 befindet sich das Museum zur Geschichte der Familie und der Marke Branca. Das Wappen mit dem Adler am Eingang der Fabrik und original Räumen, in denen man die Brennerei sehen kann, das Labor und die Kräuter etc. (www.branca.it, Tel +3928513970).

94_Die Triennale

Park mit Berufung

»Pietra sonora, Bagni misteriosi, Luna caduta in basso oder Continuità« lauten die poetischen Namen einiger Skulpturen im Garten der Triennale. Dreizehn Werke sind es, darunter der Brunnen von Giorgio de Chirico (1973), die Steine von Ettore Sottsass (2005), Pinuccio Sciolas Hommage an den Kunstkritiker Gillo Dorfles (2010) und auch die Holztreppe des Architekten Andreas Wenning (Studio Baumraum), der bekannt ist für seine Häuser in Baumwipfeln. Diese Ecke des Parco Sempione betreten Sie durch das Gebäude der Triennale, das 1933 unter der Leitung von Giò Ponti und Mario Sironi eröffnet wurde. Der Außenbereich befindet sich in der Mitte eines englischen Rasens.

An einem sonnigen Tag verspüren Sie richtig Lust, sich in die drei hier aufgestellten Sessel des Künstlers Gaetano Pesce (2005) zu setzen: Die »signore« sind kurvenreich, abgerundet und üppig wie jungsteinzeitliche Liebesgöttinnen. Einladend, wären sie nur nicht aus Bronze. Doch Geduld: In den feinen Stühlen des Cafés draußen sitzt man hervorragend, obwohl es sich nicht um gewöhnliche Sitzgelegenheiten handelt. Hier werden abwechselnd Hunderte Designer-Stühle verwendet, also ein Museum im Museum. Um die neuen Trends zu verstehen, sollten Sie sich hier verabreden und sich an den vielen schönen Dingen sattsehen.

Die Triennale ist ein freier Raum, offen in jeder Hinsicht, mit einer wichtigen Sammlung aus Mode und Design, die sich ständig erneuert und keine Eintrittskarte verlangt. Auf 12.000 Quadratmetern finden mehrere Ausstellungen gleichzeitig statt (mit Eintritt) – Theater-Performances und Vorführungen, die in alle Bereiche der Kreativität und der digitalen Technologie gehen.

Der »neue« Palazzo dell'Arte, der von Giovanni Muzio für die »V Triennale« entworfen wurde (als auch der Torre Branca eröffnet wurde), sollte die Einheit der Künste und die Beziehung zu den Künstlern fördern. Das ist noch heute seine Berufung.

Adresse Viale Emilio Alemagna 6, 20121 Mailand, Tel. +392724341, www.triennale.it | **ÖPNV** M 2 Grün, Haltestelle Cadorna; Bus 61, Haltestelle Triennale | **Öffnungszeiten** Di–So 10.30–20.30 Uhr, Do bis 23 Uhr geöffnet | **Tipp** An der Piazza Cadorna befindet sich die Installation »Ago filo e nodo« von Claes Oldenburg und Coosje van Bruggen. Das Werk wurde in Auftrag gegeben, um den neuen Bahnhof gebührlich zu eröffnen, doch es ist nicht sehr beliebt bei den Mailändern.

95 Das U-Boot

Die Geschichte der Enrico Toti

Früher einmal glitt das riesige Meeresungetüm unsichtbar unter der Wasseroberfläche daher – mit 300 Tonnen Stahl auf 42 Metern Länge. Ein Unterwasserjäger der italienischen Flotte, der erste einer neuen Generation Spionage-U-Boote, die im Frühjahr 1967 ins Mittelmeer abtauchten, zu Zeiten des Kalten Krieges. Nach 30 Jahren ehrenhaften Dienstes wurde der schwimmende Gigant schließlich entlassen, und die Marine entschied, das U-Boot der Stadt Mailand zu spenden. Dies allerdings erwies sich als die wahre Herausforderung.

Die Geschichte der »Enrico Toti«, des U-Boots S-506, begeisterte absolut jeden. Das Geschenk brachte auch Techniker, Ingenieure und Sicherheitsbeauftragte in Aufruhr, die den Transport organisieren mussten: Fünf Jahre dauerte die Reise von Sizilien bis zur Po-Ebene, festgehalten in Film und Fotografie. Das Abenteuer begann im November 2000 mit dem Auftauchen im Augusta Militärhafen. Nach einigen Restaurierungsarbeiten wurde das U-Boot nach Taranto gezogen; nach 85 Stunden Fahrt erreichte es das Po-Delta in der Höhe von Chioggia. Menschen versammelten sich entlang des Kanals, um »Toti« zu sehen, wie es inzwischen genannt wurde, das von zwei Booten gezogen wurde. Am 6. Mai erreichte es Cremona und legte an. Zuvor hatte man am Polytechnikum in Mailand den Transport über Land studiert. Die alten Navigli, deren Schleusen da Vinci perfektioniert hatte, waren nicht dafür gedacht, einen solchen Riesen passieren zu lassen. Man begann unnützes Blei aus dem unteren Schiffsrumpf zu entfernen, um das U-Boot leichter zu machen; insgesamt 20 Tonnen wurden entfernt. Dann baute man ein geeignetes, 62 Meter langes Transportvehikel mit 240 Rädern. Am Ende war der Konvoi 5 Meter breit und über 7 Meter hoch. Mailand musste Masten, Gehwege, Ampeln und Stromleitungen entfernen. Wenn man es heute vor dem Museum stehen sieht, fragt man sich immer noch, wie das möglich war.

Adresse Museo Nazionale della Scienza Leonardo da Vinci, Via San Vittore 21, 20123 Mailand, Tel. +39485551, www.museoscienza.org/toti | ÖPNV M 2 Grün, Haltestelle Sant'Ambrogio; Bus 50, Haltestelle San Vittore; Bus 94, Haltestelle Carduccio | Öffnungszeiten Di–Fr 10–18 Uhr, Sa, So 10–19 Uhr | Tipp In der Via Matteo Bandello 14 befindet sich die Galerie Rossana Orlandi, die besondere Raumgestaltungs-Objekte ausstellt (www.rossanaorlandi.com).

96 Das Ulrico-Hoepli-Planetarium

Die Sternenstadt Italiens

Von außen sieht es aus wie ein neoklassizistischer Tempel. Innen verwandelt sich das beliebte alte Planetarium in eine Sternenstadt.

Es ist ein Stück Archäologie, die heute ein bisschen traurig und zerfallen wirkt, doch früher einmal Vorreiter war. Der Schweizer Ulrico Hoepli schenkte es 1926 der Stadt mit den Worten: »Dem großzügigen Mailand, meiner Wahlheimat, schenke ich mit Dankbarkeit im Herzen das Planetarium.« Das Projekt wurde Piero Portaluppi anvertraut, damals Stararchitekt. Er benötigte ein Jahr bis zur Verwirklichung. Von Mussolini wurde es 1930 eröffnet, zur großen Freude vor allem der Mailänder Astrophysiker, die damals noch sehr aktiv forschten. Der gleiche Hoepli gründete auch einen Verlag und veröffentlichte Studien, die in dem Observatorium in Brera durchgeführt wurden. Noch heute widersetzt sich – mühsam zwar – die ruhmreiche Buchhandlung Hoepli in ihrer Festung hinter dem Dom der Belagerung durch Amazon.

Die Institution in Brera rühmt sich dank ihrer Zweigstelle in Biranza, wo man den Himmel fernab der störend leuchtenden Stadt betrachten kann, einer langen Tradition. Die Idee, ein Planetarium in den Gärten der Porta Venezia zu bauen, kam wie gerufen und erregte viel Interesse, sodass 1937 sogar zur Ausstrahlung der ersten wissenschaftlichen Aufzeichnungen ein 35mm-Zeiss-Projektor angeschafft wurde. Die große Kuppel wurde als riesiges Firmament gestaltet, auf das der fortschrittliche Apparat die Simulation der Bewegungen der Sterne und Planeten projizierte. Damals eine erstaunliche Sache. Inzwischen wirken die runden Holzstühle eher niedlich, auf denen sich damals viele für die ersten Aufnahmen von den Geheimnissen des Weltraums begeisterte Besuchern einfanden – 23.508 Besucher allein im ersten Jahr. 20 Meter Durchmesser hatte das damals größte Sternen-Firmament Italiens. Das Unendliche in Blickweite.

Adresse Corso Venezia 57 (neben dem Museo della Storia Naturale), 20121 Mailand, Tel. +39288463340 | **ÖPNV** M 1 Rot, Haltestelle Palestro; Tram 9, Haltestelle Oberdan | **Öffnungszeiten** Mo – Fr 9 – 13 Uhr und zu Vorträgen | **Tipp** Das Observatorium von Brera, das 1762 gegründet wurde, ist heute ein Museum. Dort sehen Sie beide Kuppeln und eine Sammlung historischer Instrumente – darunter zwei Globen, einen vom Himmel, einen von der Erde – vom Ende des 17. Jahrhunderts (Via Brera Mo – Fr 8.30 – 16.30 Uhr, Di Führungen um 13 Uhr, www.brera.mi.astro.it).

97 Die unsittlichen Damen

Das Haus der Hinterbacken

Nun eine wirklich unterhaltsame Geschichte: Die »unsittlichen Frauenskulpturen« wurden von einem eleganten Haus im Corso Venezia entfernt, weil sie zu leicht bekleidet und zu verführerisch waren – und raten Sie einmal, wo sie hingekommen sind: doch tatsächlich an die rückwärtige Fassade der gottesfürchtigen Kolumbusklinik, geführt nach den frommen Leitlinien der Herz-Jesu-Missionare. Es handelt sich um eine jener medizinischen Einrichtungen, in denen sich im ersten Raum gleich eine Kapelle befindet und in jedem Zimmer ein Kreuz hängt.

Wahrlich ein Scherz des Schicksals: Anfang des letzten Jahrhunderts beauftragte der reiche Unternehmer Ermenegildo Castiglioni einen der beliebtesten Architekten, Giuseppe Sommaruga, mit dem Bau seiner Residenz im Zentrum von Mailand. Der Bauherr wünschte ein Haus, das sich von allen anderen unterschied und überdies als Manifest des Mailänder Jugendstils prunken sollte. Es wurde mit rohem Bossenwerk gefertigt, um die typisch naturalistischen Elemente des neuen Stils wiederaufzunehmen, sodann mit pompösem Stuck ausgestattet und schmückte sich schließlich ganz ungeniert mit zwei halb nackten Frauenfiguren über der Eingangstür.

Das Werk stammt von Ernesto Bazzaro und löste in einer der vornehmsten Straßen der Stadt einen veritablen Skandal aus. »Ca' de ciapp » (Haus der Arschbacken), lachte vergnügt der Volksmund, bis 1914 die provokanten Damen entfernt und an der Villa Romeo Faccanoni in Fiera angebracht wurden, ebenfalls ein Projekt Sommarugas. Dort prangen sie bis heute auf der rechten Seite, Richtung Garten. Eine symbolisiert den Frieden, die andere die Industrie – eine Kombination, welche die Zuwendung der entblößten Hinterbacken jedem gegenüber, der an ihnen vorbeigeht, außerordentlich verständlich macht. Inzwischen benötigt man gar einen Termin, um den lieblichen Park jenseits der Grazien zu betreten. Sinn fürs Geschäft, die Damen!

Adresse Via Michelangelo Buonarroti 48, 20145 Mailand | **ÖPNV** M 1 Rot, Haltestelle Buonarroti; Bus 68, Haltestelle Giulio Cesare | **Tipp** Der Palazzo Castiglioni, von dem die Skulpturen entfernt wurden, befindet sich im Corso Venezia 47. Heute ist dies der Sitz des italienischen Handelsverbandes. Im Innern befinden sich eine riesige Prunktreppe und der prächtige »Saal der Pfauen«, reich an Fries und bunter Dekoration.

98 Der vertikale Wald

Grüne Metropole

Da es in der Stadt so wenige Grünflächen gibt, kam dem Architekten Stefano Boeri die Idee, einen »vertikalen Wald« anzulegen. Dazu wurden zwei Gebäude, 78 und 111 Meter und 18 und 26 Etagen hoch, mit bepflanzten Balkonen ausgestattet. Auf jedem von ihnen wächst ein Baum, alle zusammen bilden einen Wald. Es seien 900 verschiedene Arten, erklärten die Biologen, die das Projekt betreuen und sorgfältig den Standort der Pflanzen in Relation zum Wolkenkratzer entlang dessen Seiten bestimmten. 5.000 Sträucher und 15.000 mehrjährige Pflanzen, darunter Kletterpflanzen und Blumen, kamen hinzu. Eine Arche der biologischen Vielfalt also, mit Mandelbäumen, Kirschen, Eschen, Erlen …

Naheliegende Frage: Inwieweit müssen auch die Bewohner über sich hinauswachsen? Handelt es sich um eine Steineiche oder einen Olivenbaum, mag der Pflegebedarf überschaubar sein. Wenn aber ein Baum stirbt: Woher bekommt man etwa eine Regina-Claudia-Pflaume? Kein Problem, denn hier zu wohnen bedeutet, ein projekteigenes Team aus Gärtnern und Biologen zur Seite zu haben. Die Bewässerung wird zentral gesteuert, man kann ohne Sorge verreisen. Bei der Rückkehr allerdings bleibt nur die Hoffnung, keinen Schwarm von Marienkäfern vorzufinden: Der Kampf gegen Parasiten erfolgt nämlich ausschließlich biologisch, Insekten gegen Insekten. 1.200 Marienkäfer haben bereits gegen Blattläuse obsiegt, je nach Jahreszeit werden Schmetterlinge und Fledermäuse die Verstärkung bilden.

Es ist die neue Art, eine grüne Metropole zu schaffen. Mit dem Vorteil, dass es nicht nur hübsch anzuschauen ist, sondern die Luft dank der geballten Photosynthese sauberer bleibt. »Wir werden im Grünen sein«, sagen die Schöpfer des Projekts, das noch am Anfang steht. Vorerst strecken Kinder entlang der Varesine die Nasen himmelwärts. Im Herbst wird beim ersten Lüftchen ein Regen von orangenen Blättern erwartet. Ein vertikaler Segen der ganz eigenen Art.

Adresse Via Gaetano de Castillia, 20124 Mailand | ÖPNV M 2 Grün, Tram 33; Bus 37, Haltestelle Garibaldi | Tipp Bei der Hausnummer 28 befindet sich in einem Häuschen aus dem frühen 20. Jahrhundert der Sitz der Fondazione Riccardo Catella, in der man eines der feinsten Mailänder Restaurants findet, das Ratanà (Tel. +39287128855, www.ratana.it).

99_Die Via Bagnera

Gässchen des Serienkillers

Die engste Gasse des Carrobbio genießt einen unheilvollen Ruf, den sie zu Recht verdient. Ungeachtet all der Häuser, die sich von ihr abwenden, befinden sich in der Gasse keine Eingänge, sondern nur die Notausgänge des Eliseo Kinos.

Das Sträßchen liegt versteckt hinter der überladenen Via Torino und ist nicht einmal auf Google Maps zu finden. An der Einmündung der Via Nerino können Sie die gegenüberliegenden Mauern berühren, wenn Sie die Arme ausbreiten. Es ist nur ein kleiner Spalt. Dennoch hat ein pedantischer Polizist auf der anderen Seite an der Via Santa Marta einen Zebrastreifen mit nur drei Streifen – mehr passten nicht hin – aufmalen lassen. Also Niemandsland inmitten der Altstadt, Fläche für ein paar vulgäre Graffiti und Ziel von Touristen, die sich gern gruseln – aufgrund einer Reihe von blutigen Vorfällen, die sich hier ereigneten und die Schlagzeilen dominierten.

Doch muss sich niemand mehr fürchten: Die Verbrechen geschahen vor anderthalb Jahrhunderten, als sich hier ein Serienkiller herumtrieb. Zehn Jahre lang hielt er die Stadt in Atem, bis er schließlich geschnappt wurde. Die Opfer – ein Händler, ein Geschäftsmann, ein Arbeiter, eine reiche Dame – wurden ausgeraubt und zerstückelt, ihre Körper fand man in einem Kellergeschoss der Via Bagnera. Er, das Monster, war – wie meist in diesen Fällen – ein unscheinbarer Durchschnittstyp. Maurer, Pförtner, Geschäftsmacher und eben Serienkiller. Seine Opfer suchte er sich sorgfältig aus, gewann zunächst ihr Vertrauen und lud sie dann in sein Verlies des Grauens ein.

Als er gehängt wurde, atmete die Stadt vor Erleichterung auf. Das war im Jahr 1861; er war der Letzte, der von einem städtischen Gericht zum Tode verurteilt wurde. Bis heute hat die Via Bagnera ihre unheimliche Atmosphäre nicht eingebüßt, vor allem, wenn die Nacht hereinbricht, wie Geisterjäger sagen. Dann wird der Durchschnittstyp erneut zum gefragten Dämon.

Adresse Via Bagnera, 20123 Mailand | ÖPNV M1 Rot, M3 Gelb, Haltestelle Duomo; Tram 2, 14, Haltestelle Torino | Tipp Die Gassen zwischen Sant'Ambrogio und der Via San Maurilio haben einen ganz anderen Charme. Hier geht es modisch hoch her, schick, ironisch und exklusiv. Nicht zufällig wird er »Distrikt der fünf Straßen« genannt. Der Showroom der Designerin Uberta Zambeletti in der Via Santa Marta 14 ist eher eine trendige Kunstgalerie als ein Laden, hier findet man wirklich originelle Stücke.

100 Die Via Paolo Sarpi

Milano Chinatown

Es begann mit einem kleinen Restaurant mit orangefarbenen Laternen zwischen einer Schreibwarenhandlung und einer alten Drogerie. Hier wurden klassische Gerichte wie Hühnchen in Erdnusssoße und Frühlingsrollen serviert. Dann gab es ein weiteres, dann noch eines; allmählich nahm die chinesische Gemeinde eine der mailändischsten Straßen der Stadt in Beschlag.

Früher einmal ist es ein bürgerliches Viertel gewesen, in dem der Kaufmann, der Pförtner und der Zeitungsbote noch jeden Passanten beim Namen kannten. Doch muss man dem nicht nachtrauern, in der Via Paolo Sarpi reden die zwei Gemeinden miteinander, wenn das auch manchmal etwas schwierig ausfällt. Die Schriftzüge auf den Schaufenstern sind zweisprachig, einer im lateinischen Alphabet und einer in chinesischer Schrift. Mittlerweile ist die Straße Fußgängerzone, und ein Viertel-Ausschuss kümmert sich um die Blumenbeete. Die Uhren an den Litfaßsäulen sind mit einem rot-gelben Drachen verziert.

Handys und PC-Teile in den Schaufenstern, mehr oder weniger auf Höhe der Via Rosmini, finden sich neben China-Nudeln und Behältern mit gefriergetrocknetem Fertigessen, Perücken und Taschentüchern im Manga-Design. Der Sinn bleibt uns verborgen, doch offensichtlich lohnt es sich aus Sicht der Händler.

Auf halbem Weg, in der großen Oriental Mall mit der Goldschrift, essen zwei Mädchen mit glattem schwarzen Haar während ihrer improvisierten Mittagspause und stecken dazu ihre Stäbchen in die Tüten auf dem Tisch mit den T-Shirts und BHs. Das Geschäft verkauft auch Ketten, Kosmetika, Lätzchen, Kissen und rosa Briefumschläge. Nebenan liegt Hu Foods. Die Hausfrauen vermeiden es, hier einkaufen zu gehen, obwohl das Gemüse vom gleichen Großhändler kommt wie das von jedem anderen Gemüseverkäufer. Der alte Eisenwarenladen oder das Hutgeschäft Melegari in der Hausnummer 19 wirken da schon wesentlich beruhigender.

Adresse Via Paolo Sarpi, 20154 Mailand | **ÖPNV** M 2 Grün, Haltestelle Moscova; Bus 43, 57, Haltestelle Canonica/Sarpi; Bus 37, Haltestelle Gramsci; Tram 12, 14, Haltestelle Bramante Sarpi | **Tipp** In der Via Canonica (Ecke Via Moscati) befindet sich die sizilianische Eisdiele Vasavasa. Eigenproduktion mit sorgfältig ausgewählten Rohstoffen, aus denen auch exzellente Fruchtsorbets gemacht werden (Mo–Sa 12–24 Uhr, www.vasavasa.it).

101 Das Viereck der Mode

Remise, Revolte und Runway

Läuft man die Via della Spiga entlang, bewegt man sich zwischen großen dünnen Models, die gerade von einem Shooting kommen, Ehefrauen der neuen Oligarchen des Ostens im Leo-Look und reichen verschleierten Damen in Begleitung eines männlichen Familienmitglieds. Prada, Moschino, Valentino, Armani, Schaufenster gibt es viele, leuchtende, astronomisch in Zahl und Luxus. Die neuen Kunden gehen hinein und kommen mit großen Markentaschen glücklich wieder heraus: High Heels, Krokodil-, Straußen-, Python-, Ledertaschen, eng anliegende Kleider aus Tüll und Musselin.

Zwei Mädchen machen ein Selfie vor Tiffany. Kaum zu glauben, dass das Viereck der Mode zwischen Montenapoleone und der Via Senato, wo bis in die 30er der Naviglio floss, ehemals ein Viertel kleiner Händler, Handwerker und bürgerlicher Häuser war. Es gab Gemeinschaftsbäder, Pferdeställe und Remisen.

Während des Risorgimento war dies ein gesuchter Schlupfwinkel für Revolutionäre; in der Via della Spiga 17 wohnte Francesco Restelli, später Senator des Italienischen Königreiches. Im Palazzo Garzanti diktierte Cesare Corenti 1848 das Manifest, das den Fünf-Tage-Aufstand gegen die österreichischen Invasoren ins Rollen brachte. Im Caffè Merlo konnte man einem »Scapigliato« zuhören, wie er die Entfremdung durch die industrielle Revolution anprangerte.

Einige Geschäfte blieben bis zu den 1950er Jahren: der Obsthändler mit dem Spitznamen Garibaldi, die Weinhandlung mit den festen Trauben auf dem Tresen, die Kurzwarenhandlung mit Knöpfen. Dies war, bevor sie alle den zukünftigen Modetalenten weichen mussten. Immerhin: Bereits 1863 gab es in der Via Montenapoleone 21 den Juwelier Annibale Cusi, der die Königin von Italien mit Diamanten ausstattete. Straßennamen erinnern an Klöster, die hier standen – Via Gesù, Via Sant'Andrea –, bevor der Geist ins Mondäne fuhr und die Tempel des Profanen aus dem Boden schossen.

Adresse Via della Spiga – Via Montenapoleone, 20121 Mailand | ÖPNV M 1 Rot, Haltestelle San Babila, M 3 Gelb, Haltestelle Montenapoleone; Bus 61, 94, Haltestelle Senato; Tram 1, Haltestelle Manzoni | Tipp Der Juwelier Cusi, 1886 gegründet, gewann den Gran Premio bei der Expo 1906 für das Collier »Maria Stuarda« mit 15.000 Diamanten. In der Via Clerici, wo er hinzog, ist heute das Caffè Victoria. Hebt man den Blick (auf der Seite der Via Perrone), sieht man noch heute das Schild. Inzwischen befindet es sich im Corso Monforte 23 (San Babila) und wird immer noch von der Familie Cusi geführt.

102 Die Villa Invernizzi

Der Flamingohof

Wie lässt sich die Überraschung beschreiben, wenn man auf eine Gruppe Flamingos im Zentrum von Mailand stößt? Unweit des Corso Venezia, zwischen den Magnolien hinter dem Eisengitter, das den Garten der Villa Invernizzi umgibt, spazieren sie umher.

Ja, genau! Es ist das Haus jenes Mannes, der »Mio« erfunden hat, jenen Käse, den in seiner Kindheit jeder einmal probiert hat. Die Vögel stehen aufrecht, auf nur einem Bein, den Hals gebogen, während sie ihr rosa Gefieder putzen und den krummen Schnabel darin versenken, als wäre es das Gemütlichste der Welt.

Eine unerwartete Begegnung, obwohl Mailand bekanntlich unberechenbar ist und oft seine Eigenheiten zeigt, vor allem in den privaten Räumen und Höfen. In diesem Fall sind die Gärten teilweise öffentlich, sodass man die Flamingos vom Gehweg aus bewundern kann. Eine kleine Menge von Neugierigen und Familien mit Kindern findet sich jeden Tag am Gatter ein. Umso mehr, da der alte Zoo in den Giardini Pubblici seit Langem geschlossen ist.

Die Kolonie fühlt sich hier unter der Pflege des Wärters, der ihnen Leckerbissen aus Krustentieren zubereitet, sichtlich wohl. Eine schwierige Kunst, denn macht er bei der Ernährung Fehler, so könnten die Vögel die faszinierende rosa Färbung ihres Gefieders verlieren. Inzwischen haben sie sich perfekt eingelebt und machen keine Anstalten mehr wegzufliegen. Im Gegenteil, sie vermehren sich sogar so rasant, dass regelmäßig Tierärzte, die sie beobachten, die Gruppe ausdünnen. Keines der Tiere, die man heute sieht, wurde in freier Wildbahn geboren, doch ihre Vorfahren kamen aus Afrika (Phoenicopterus roseum) und aus Lateinamerika (Phoenicopterus chilensis).

Ein kleiner See sorgt im Sommer für Erfrischung. Eine exotische Oase im Herzen Mailands, die es aufgrund des Letzten Willens des Käseerfinders Invernizzi gibt, mittlerweile Stadteigentum. Hier dürfen Sie ganz öffentlich alles in Rosa sehen.

Adresse Via Cappuccini 3, 20122 Mailand | **ÖPNV** M 1 Rot, Haltestelle Palestro; Bus 54, 61, Haltestelle Monforte/Donizetti | **Tipp** An der Ecke zur Via Vivaio lohnt es sich, vor der Casa Berri-Meregalli zu verweilen, die Anfang des 20. Jahrhunderts vom Architekten Giulio Ulisse Arata gebaut wurde und mit ihrer außergewöhnlich reichen Dekoration aus Mosaik und bunten Figuren die späte Phase des Jugendstils repräsentiert.

103__Die Villa Necchi Campiglio

Das zu moderne Haus

Im Park befindet sich ein Pool aus den 30ern, der erste in Mailand. Auf dem Land wäre das normal. Doch genau dieser Umstand stellte die Herausforderung der Necchi Campiglio dar: ein ländliches Haus zu bauen – inmitten der Altstadt und mit modernem Komfort. 2.000 Quadratmeter ohne Kostenlimit, der Traum eines jeden Architekten.

1932 hatte Piero Portaluppi, damaliger Star-Architekt, dieses Glück. Seine nüchternen Strukturen, die technischen Lösungen und das Design waren in jener Epoche angesagt und sein Umgang mit den Materialien souverän. Im Arbeitszimmer erlaubte ein großer Spiegel dem Hausherrn, schon vorher zu erkennen, welcher Gast den Garten betrat. Der Nähmaschinen-Industrielle Angelo Campiglio wohnte hier mit seiner Frau Gigina Necchi und deren Schwester Nedda. Beinahe könnte man meinen, sie noch zu sehen, alle drei im eleganten Eingang, wie sie vornehme Besucher der Residenz in Empfang nehmen.

Im Frühstückszimmer hängen Bilder in einzigartiger Farbigkeit von Giorgio Moradi. Viele bekannte Autogramme: Sironi, Arturp Martini, De Chirico. Trotz des Musealen hat man das Gefühl, sich in einem noch bewohnten Haus aufzuhalten. Der Teppich im Raucherzimmer ist noch immer von den letzten am Kamin gerauchten Zigaretten versengt, es fehlt nur der überquellende Aschenbecher.

Tatsächlich war das Haus bis zu Giginas Tod 2001 bewohnt; seit damals wurde nichts verändert. Doch an der Modernität könnten sich ein paar der blaublütigen Freunde von einst gestoßen haben. Um die Prinzen und Prinzessinnen der Casa Savoia zufriedenzustellen, wurden im ersten Stock ein Zimmer im Stil des 18. Jahrhunderts mit authentischem Mobiliar und ein paar luxuriöse Schlafzimmer eingerichtet. Dies alles, damit sich auch die traditionsbewussteren Gäste wohlfühlten.

Adresse Via Mozart 14, 20122 Mailand, Tel. +39276340121, www.fondoambiente.it | **ÖPNV** M 1 Rot, Haltestelle Palestro; M 3 Gelb, Haltestelle Montenapoleone; Bus 54, 61, 94, Haltestelle San Damiano/Monteforte | **Öffnungszeiten** Di–So 10–18 Uhr (geführt von FAI Fondo Ambiente Italiano, reservieren lohnt sich) | **Tipp** In der Via Mozart 21 befindet sich die Casa Berri-Meregalli, die von Giulio Ulisse Arata 1910 bis 1912 erbaut wurde. Der Architekt wurde wegen seiner Vorliebe, verschiedene Sprachen zu vermischen, mit Gaudì verglichen. Die Figuren der Fassade wurden von Rimoldi gefertigt, und die Werke aus Schmiedeeisen sind vom berühmten Schmied Mazzuccotelli.

104 Die Vinothek »Ombre Rosse«

Wein und Kunst einschenken

Der Name der alten Weinhandlung erinnert an den berühmten Western von John Ford aus dem Jahr 1939 (deutsch »Ringo«), doch soll man nicht meinen, man würde nun einen Saloon betreten. Zwar gibt es hier ganz nach Wildwestmanier ein Klavier, das Raffaella Fossati hergebracht hat, um zu üben, wenn das Lokal geschlossen hat. Aber das ist alles. Der Ausschanktresen besteht aus Holz mit Messing-Oberflächen, so wie es früher Brauch war; das einzig Moderne ist das gedimmte Licht. Sie brauchen nur das Schwarz-Weiß-Foto mit dem Schild der Drogerie anzusehen, um zu wissen, dass das hier alles ein Jahrhundert alt ist.

Der Weinkenner im Haus: Ehemann Josè Carbonell, der zum Spaß ab und an einen Wein aus der Sammlung köpft. Die Verkostung findet in kleiner Runde statt, weil das Lokal so klein ist. Der Wein wird auf das einfache, aber sehr gute Essen abgestimmt.

Jeden Abend kann man zum Essen vier oder fünf Gläser Wein probieren – einen piemontesischen Barolo, einen roten Gaja, einen französischen Cru, denn nicht immer ist einem danach, die ganze Flasche zu kaufen. Bis zu 400 Etiketten gibt es hier; so manche überschreiten die 1.000 Euro. Hinzu kommt die Neugier, den Wein eines kleinen Produzenten zu probieren, der vielleicht groß wird.

Steigen Sie die Treppen hinunter, betreten Sie die Welt von Raffaella, die für ihre Sammlung von Objekten den wirklich passenden Namen »Fatto ad arte« (kunstförmig) gefunden hat. Hier wird Kunsthandwerk ausgestellt, das eine Verbindung zu einer Region, einer Tradition, einem Märchen oder dem Namen eines Künstlers aufweist: Caltagironekeramik, halbierte friaulische Krüge, Glasvasen aus Murano, Skulpturen aus florentinischem Ton, Mosaik aus Spilimbergo. Alte Materialien, die sich der Moderne beugen. Ein bisschen wie der Wein.

Adresse Via Plinio 29, 20129 Mailand, Tel. +39229524734, www.enotecaombrerosse.com | **ÖPNV** M1 Rot, Haltestelle Lima; Bus 92, Haltestelle Abruzzi/Plinio; Bus 60, Haltestelle Eustacchi/Plinio | **Öffnungszeiten** Di–Sa 10–13 Uhr und 16–1 Uhr, Mo 18–1 Uhr | **Tipp** In der Viale Abruzzi 15 kann man sich im Hammam della Rosa entspannen, dem einzigen in Mailand. Es bietet getrennte Bereiche für Männer und Frauen und solche für Paare. Es gibt türkische Bäder und Hautbehandlungen orientalischer Art (Di–Fr 12–22.30 Uhr, Sa, So 10.30–20.30 Uhr, www.hammamdellarosa.com).

105 Die weinende Madonna

Im Hof des alten Lazaretts

In Mailand gibt es eine weinende Marienfigur. Und nein, es ist nicht die berühmte »Madonnina«, sondern die Jungfrau mit ihrem Kind, die der russisch-orthodoxen Gemeinde von San Nicola geschenkt wurde. Gemalt wurde sie von einem Mönch vom Heiligen Berg Athos. Ein Schild auf dem Gehweg zeigt den Weg zum seitlichen Eingang, der sonst wohl unbemerkt bleiben würde. Man tritt in einen engen grünen Hof, der zwischen den Vasen und Pflanzen fast unbetretbar ist. Die Ikonen, Kruzifixe, Kerzenständer und Krüge unter dem Bogengang machen ihn noch enger. Wie Sie an den alten Grabsteinen noch sehen können, war das Gebäude Teil des Lazaretts, das von Alessandro Manzoni in den »I Promessi Sposi« zur Zeit der Pest in Mailand beschrieben wurde.

Wer sich auf eine Bank in diesem Hofgarten setzt, kann zuweilen den traurig-sanften Gesang aus der Kapelle hören, in der einige Frauen auf ihrer Landessprache beten. Geschützt von einem roten Baldachin empfängt die Jungfrau mit ihrem Kind ihre Gäste. Manchmal weint sie, vielleicht weil sie die Schmerzen der Menschen anhört, die sie besuchen: geflohene Christen, verfolgt im Mittleren Osten, Eritreer, Russen, Moldauer, Rumänen.

Auch das Kind weint. Es scheint eine Art pflanzliches Duftöl zu sein, das aber keine Spuren auf den Farben hinterlässt. Das Phänomen trat erstmals im Frühling 2010 auf und wiederholt sich seitdem regelmäßig, was Scharen von Pilgern anlockt. Man erzählt sich, eine Frau sei vom Krebs geheilt worden, eine andere, die man für unfruchtbar gehalten hatte, habe ein gesundes Kind zur Welt gebracht.

Der 80-jährige Metropolit Evloghios – mit langem, weißem Bart – bestätigte das Mysterium, das man »rational nicht erklären kann«. Man kann daran glauben oder nicht, doch im lärmenden Viertel zwischen dem Corso Buenos Aires und dem Hauptbahnhof ist schon allein der Frieden in diesem einladenden Hof des Gebets ein Wunder.

Adresse Russisch-Orthodoxe Kirche San Nicola, Via San Gregorio 5, 20124 Mailand | ÖPNV M 1 Rot, Haltestelle Lima; Tram 1, 5, Haltestellen Settembrini und Tunisia | Tipp Im Corso Buenos Aires 20, einer Straße mit Läden, die im 19. Jahrhundert gebaut wurden, nach der Zerstörung des Viertels des Lazaretts, hängt der Duft nach gutem Kaffee in der Luft. Ambrosiano, die alte Mailänder Rösterei, ist eine kleine, aber geschätzte Bar mit vielen Kaffeemischungen (Mo–So 7–19.30 Uhr).

106 Die Wildschweine

Ein gern vergessener Mythos

So wie der Wolf als Symbol für Rom steht, so verkörpert das halb behaarte Wildschwein den Gründungsmythos Mailands – ein nicht sehr edles Tier; vielleicht sind auch darum seine Darstellungen so rar. In Mailand gibt es das mythische Borstenvieh nur an zwei Orten: an einem marmornen Basrelief eines Kapitells, das an der wunderschönen mittelalterlichen Piazza dei Mercanti einen der Bögen des Palazzo Ragione stützt, und an einem Wappen im Hof des Palazzo Marino, dem heutigen Sitz des Rathauses.

Nett ist die Geschichte von Tito Livio. Es scheint, dass im 6. Jahrhundert v. Chr. Keltenkönig Ambugato seine zwei Neffen schickte, um neue Gebiete zu besiedeln. Tatsächlich überquerten zu jener Zeit einige insubrische Stämme aus Gallien die Alpen und erreichten Italien. Von da an entfernt sich die Erzählung von der historischen Wahrheit und wird zur Mythologie.

Einer der zwei Brüder, Belloveso, hatte eine Vision von einem weiblichen Wildschein, der vordere Teil mit langem Haar (»halb behaart«), das inmitten einer fruchtbaren Lichtung zwischen Bäumen und zwei Wasserläufen weidete.

Der Anführer interpretierte dies als ein göttliches Omen und forderte dazu auf, an dieser Stelle die neue Stadt zu errichten. Das Tier, das von den Kelten als heilig verehrt wurde, war bald auch auf dem Schild Bellovesos dargestellt. Er gab der Stadt den Namen »Medhe-lan«, was auf Gallisch so viel bedeutet wie »Land in der Mitte oder Ebene der Mitte«, ein Name, der sich im Lateinischen zu »Medio-lanum« entwickelte (halb behaart). So weit die Sage.

Ein Mysterium bleibt real: Das Basrelief des Kapitells ist älter als das Gebäude, das auf das 13. Jahrhundert zurückgeht. Vielleicht wurde es bei den Grabungen für den Bau gefunden und als Verzierung verwendet. Heute bemerken nur wenige das Wildschwein – und wer weiß, ob der geschätzte »lombardische Wursthändler« nicht aufgrund dieses antiken Imprints entstand.

Adresse Piazza dei Mercanti, 20100 Mailand | **ÖPNV** M 1 Rot, M 3 Gelb, Haltestelle Duomo; Tram 12, 14, 16, Haltestelle Cordusio | **Tipp** Unter dem Bogengang gibt es einen akustischen Effekt, den sich die Händler zunutze machten, um sich untereinander zu unterhalten, ohne von anderen gehört zu werden. Man muss nur zwei gegenüberliegende Säulen mit Loch finden: Wenn man in ein Loch sprach, so konnte man in der Nähe der anderen Säule gehört werden.

107 Die Wohnung des Futuristen

Erregung öffentlichen Ärgernisses

Geht man den Corso Venezia entlang, übersieht man nur allzu leicht das unscheinbare Schild, das an der Ecke zur Via Senato auf die erste Wohnung von Filippo Tommaso Marinetti hinweist. Vielleicht sollte die Stadt diesem Protagonisten der Künstleravantgarde im 20. Jahrhundert mehr Dankbarkeit erweisen, trotz der lauten, frechen Absurditäten, die er geschaffen hat – wie die provokanten Aufführungen in den Theatern und auf den Straßen, die den Aufruhr »gegen die Ekstase und den Schlaf« priesen …

Die Rede ist vom Begründer des Futurismus. Er war Dichter, Dramaturg, Künstler und vor allem Kämpfer, Wortführer einer revolutionären Bewegung, die mit der Vergangenheit brach. Umberto Boccioni, Giacomo Balla, Carlo Carrà und viele andere intellektuelle Künstler der Zeit schlossen sich ihr an. Damals ging es in Mailand hoch her: Im Corso Venezia, im »orientalischen Salon des ägyptischen Dichters«, versammelten sich berühmte Hitzköpfe und Musiker wie Igor Strawinsky oder der Regisseur der Scala, Visconti Herzog von Modrone. Hier wurde auch die Zeitschrift »Poesia« herausgegeben, die ab 1905 die Freiheit und die Dynamik des Wortes feierte. Leider löste Marinettis futuristischer Roman »Mafarka der Futurist« (1910) so starke Kontroversen unter den rechtschaffenen Mailändern aus, dass er wegen Erregung öffentlichen Ärgernisses verhaftet wurde und einige Tage im Gefängnis San Vittore einsaß. Im gleichen Jahr wurde das Manifest der futuristischen Malerei propagiert; es war der Höhepunkt einer produktiven und zugleich zerstörerischen Poetik. Sie verherrlichte den Krieg, der inzwischen vor den Toren der Stadt angekommen war, und gipfelte darin, sich selbst zunichtezumachen. »Wir wollen die Museen, die Bibliotheken, die Akademien jeder Art zerstören.« Ginge es nach Marinetti, gäbe es nicht einmal dieses Schild, das an ihn erinnert.

Adresse Corso Venezia 21, 20121 Mailand | **ÖPNV** M 1 Rot, Haltestelle San Babila; Bus 61, 94, Haltestelle Senato | **Tipp** Nur wenige nehmen davon Notiz, doch in der Via Senato 10, vor dem Palazzo del Senato, steht eine Bronzeskulptur der Mère Ubu, die der berühmte spanische Surrealist Joan Mirò im Jahr 1973 der Stadt Mailand schenkte.

108_WOW

Raum für Comics

Das Grau des Weges steht im Kontrast zur farbenfrohen Szenerie an den Außenmauern der Gärtchen. Hier haben die Wandbemalungen die Umrisse von Goofy, Micky Maus oder Diabolik. An der Eingangstür, in einem azurblauen Bogen gemalt und mit weißen Wölkchen umgeben, prangt die rote Aufschrift »WOW«. Also: Raum für Comics! Das ist der Name und auch Sinn des Museums. Es mag nicht einmal Absicht sein, doch das Innere der ehemaligen Panettone-Fabrik würde Oma Duck sicher sehr gefallen.

Das nämlich ist voller phantastischer Skulpturen wie dem fröhlichen Loch-Ness-Monster neben einem Skatepark, durch den Kids halsbrecherisch hindurchsausen. In Italien wird der Comic, die »Neunte Kunst«, noch nicht sehr wertgeschätzt, obwohl das Land seit 1908, mit dem Erscheinen des »Corriere dei Piccoli«, viele berühmte Illustratoren hervorgebracht hat. Zu den bekanntesten gehört Gian Luigi Bonelli, Vater von Tex Willer und Hugo Pratt.

WOW ist auch ein Raum im Zeichen des Mitmachens, in dem Kinder und Erwachsene in Werkstätten und Lesesälen zusammenkommen. Sie zeichnen oder nehmen sich die gewünschten Comichefte aus den Regalen – von Dragon Ball über die gute alte Micky Maus bis zum unvermeidlichen Tex Willer, der seit 1948 ohne Unterbrechung erscheint.

Die Meister des Comic, die hier vorbeikommen, hinterlassen ein Zeichen wie etwa der chilenische Künstler Eduardo Carrasco, genannt »Mono«, der die Wand neben dem Außenbereich der Cafeteria Boom bemalt hat. An ihr holt Phantomias, das heldenhafte Alter Ego Donald Ducks, zum Gegenangriff aus.

Die Fondazione Fossati, die das WOW leitet, verfügt über ein geschichtsträchtiges Archiv mit Tausenden von Büchern, Comics, Filmen, Originalbildern und sogar antiquarischen Merchandise-Artikeln. Gelegentlich finden hier Themen-Ausstellungen statt, die im ersten Stock entwickelt werden.

Adresse Viale Campania 12, 20133 Mailand, Tel. +39249524744, www.museowow.it | ÖPNV Tram 27; Bus 73, 90, 91, 93, Haltestelle Campania / Corsica; Bus 45, Haltestelle Mugello / Campania | Öffnungszeiten Di – Fr 15 – 19 Uhr, Sa, So 15 – 20 Uhr | Tipp In der Viale Campania 51 (Ecke Piazzale Susa) befindet sich der Showroom von Spazio 900, kultige Einrichtungsgegenstände aus den 50ern bis 70ern (Mo – Sa 15.30 – 19.30 Uhr).

109 Die Zinnen des Castello Sforzesco

Geheimgänge und Garnisonen

Die Wehrgänge bilden den beeindruckendsten Teil einer mittelalterlichen Festung, jenen Teil, der uns sofort an leinwandreife Belagerungen denken lässt. Auch die Zinnen des Castello Sforzesco sind der Archetyp der romantischen, ja märchenhaften Vorstellung von einer Burg: eine Abfolge von durch enge Schlitze beleuchteten Gängen, die die Wachtürme miteinander verbinden. Von dort oben erscheint die Festung mysteriös und faszinierend; Mittelalter-Nostalgie kommt auf. Das Schloss wurde in der zweiten Hälfte des 15. Jahrhunderts von Herzog Francesco Sforza erbaut und durchlebte eine wechselhafte Geschichte. Napoleon hat es regelrecht malträtiert, er brachte sein Heer hier unter – auch die Pferde –, ohne auf die prächtigen Säle Rücksicht zu nehmen. Den Rest erledigte die österreichische Garnison, die hier eines ihrer Generallager einrichtete. So wütend waren die Mailänder auf die Invasoren, dass sie während des Fünf-Tage-Aufstands von 1848 in das Schloss eindrangen und es plünderten.

Der heutige Bau ist eine Kopie, die nach der Vereinigung Italiens im Jahr 1861 von Luca Beltrami gebaut wurde. Erst 1905 konnte man den Turm von Filarete im gotischen Renaissance-Stil nach der Vorlage der Originalzeichnungen fertigstellen.

Die Wehrgänge bieten einen eindrucksvollen Blick über die Stadt und den nahe gelegenen Dom. Im Norden zeichnen sich – dominiert vom Monte Rosa – die weißen Gipfel der Alpen ab, während unten in den Schatten der Strada della Ghirlanda zwischen den Geheimgängen die Geschichten von Intrigen, Flucht und heimlichen Liebschaften wieder aufleben. Im Fall einer Belagerung konnte ein Bote hier entlanggaloppieren, ohne gesehen zu werden. Anscheinend gab es sogar einen Tunnel, durch den man bis zur Villa Simonetta außerhalb der Stadtmauern gelangte. Das Richtige für Geheimgänger!

Adresse Piazza Castello, 20121 Mailand | **ÖPNV** M 1 Rot, Tram 1, Bus 50, 61, Haltestelle Cairoli; M 2 Grün, Haltestelle Cadorna | **Öffnungszeiten** Schloss Mo–So 7–18 Uhr (Winter), 7–19 Uhr (Sommer); Zinnen und Strada della Ghirlanda nur nach Vereinbarung (Artem, Tel. +3926596937) | **Tipp** Im Hof steht die Gedenktafel »Infame Säule«, die ungerechterweise den Barbier Gian Giacomo Mora während der Pest in Mailand beschuldigte, ein »Quacksalber« zu sein. Er wurde 1630 vom Untersuchungsgericht hingerichtet. Dieser geschichtlichen Episode gedachte auch Alessandro Manzoni.

110 Die Zwillingskirchen

Familienbande

Santa Maria Incoronata – das sind »zwei Herzen, eine Kirche«, denn die Geschichte der Zwillings-Fassaden fällt einigermaßen sentimental aus. Das Originalgebäude (vom Kirchplatz aus links) weist eine einzigartige Fassade auf. Sie scheint identisch mit der anderen zu sein. Scheint.

Der Kirche, die Santa Maria von Garegnano gewidmet ist (dort, wo sich heute Kapelle II und III im linken Schiff befinden), wurde Anfang des 15. Jahrhunderts ein Augustinerkloster auf der Rückseite angefügt. Im Anschluss an die lombardische Kongregation des Augustinerordens wurden einige Veränderungen zur Erweiterung des Klosters vorgenommen. Diese wurden 1451 abgeschlossen; dies war das Jahr, in dem Francesco Sforza den Titel des Herzogs von Mailand erhielt. Zur Feier dieses Ereignisses tauften die Pater die Kirche in »Incoronata« (gekrönt) um.

Nun der romantisch-galante Teil: 1460 war Herzogin Bianca Maria Visconti die Gerüchte über die Bettgeschichten ihres Mannes satt und hatte einen genialen Einfall. Die Betrogene ordnete an, öffentlich ihrer beider Liebe und Treue zu besiegeln, indem sie eine weitere Fassade neben der ersten erbauen ließ. Tritt man ein, so bemerkt man tatsächlich zwei aneinandergrenzende Schiffe, die gemeinsam eine Kirche bilden. Die uneheliche, aber geliebte Tochter von Filippo Maria Visconti, des früheren Herzogs von Mailand, hatte schon zuvor ungewöhnliches politisches Geschick bewiesen. Geschichtsbücher beschreiben sie als gebildete, intelligente und sehr phantasievolle Frau, wie auch dieser architektonische Schachzug bewies. Es muss eine Kombination aus politischer Notwendigkeit und persönlicher Eingebung gewesen sein, durch die sie auf diese brillante Lösung kam: Zwillingsfassaden, die für immer der gesamten Stadt den Zusammenhalt ihrer Familie vor Augen führen. Die Herzogin hatte ihr bis zu dem Tod ihres Mannes 1466 acht Stammhalter geschenkt. Doppelt gebaut hält besser.

Adresse Corso Garibaldi 116, 20121 Mailand | **ÖPNV** M 2 Grün, Haltestelle Moscova | **Öffnungszeiten** Mo–So 8.30–19 Uhr | **Tipp** Hinter der Kirche befinden sich ein Kloster aus dem 15. Jahrhundert und die humanistische Bibliothek des Klosters, die viele wertvolle Bände beinhaltete (heute in der Biblioteca Ambrosiana zu finden). Im Innern ist sie mit Fresken verziert. Heute finden hier Ausstellungen und Konzerte statt.

111 Die Zwillingsorgeln

Abendandacht mit Passion

Abendandacht. Die Holztüren schließen sich hinter Ihnen, und die Kirche aus der späten Renaissance hüllt Sie in leuchtendes Halbdunkel. Das gesungene Gebet hallt zwischen den Wänden des Schiffes wider, und die Töne der Orgel erinnern an die christlichen Andachten vergangener Zeiten. Die Stimmen des Chors intonieren das Loblied auf Gott aus tiefstem Herzen, dramatisch und gleichzeitig melodisch.

Üblicherweise ist in einem Benediktinerkloster wie diesem das Stundengebet nach dem Leben der Mönche gegliedert. Heute, wenn sich in einer Kirche wie der Santa Maria della Passione – der zweitgrößten nach dem Dom – der Gesang erhebt, bleibt die Zeit stehen, und die kulturellen Differenzen verflüchtigen sich beim Anhören einer Musik, die unmittelbar zu Herzen geht. Ein Teil des Zaubers kommt von den Zwillingsorgeln, die in dieser Kirche eine lange Tradition haben. Die ältere Orgel geht auf die zweite Hälfte des 16. Jahrhunderts zurück. Im 17. Jahrhundert wollte man ein zweites Instrument links vom Querschiff anbringen, um Choräle mit großer Feierlichkeit spielen zu können. Der Auftrag wurde Gian Giacomo Antegnati erteilt, der auch die Orgel des Doms baute.

Der Resonanzkörper (die Windlade) der ersten Orgel ist noch das Original in cornu Epistolae, das sich im Innern des Instruments befindet. Es wurde 2001 von Mascioni gebaut, um barocke Musik zu spielen, mit zwei Klaviaturen von 56 Tönen und einer Pedalklaviatur von 30 Tönen.

Die Orgelpfeifen der zweiten Orgel aus dem 17. Jahrhundert im Chor links des Querschiffes wurden restauriert. Nach drei Jahrhunderten spielen die Zwillingsorgeln heute so wieder im Einklang. Das Kloster daneben, wo früher die Mönche untergebracht waren, beherbergt den Sitz des Conservatorio di Musica Giuseppe Verdi mit einer wichtigen Bibliothek und einer alten Sammlung von Streichinstrumenten. Wo man hier auch hinhorcht, ist Musik drin.

Adresse Via Conservatorio 14, 20122 Mailand, www.lacappellamusicale.com | ÖPNV M1 Rot, Haltestelle San Babila; Bus 54, 61, Haltestelle Monforte/Donizetti; Bus 94, Haltestelle Modrone | Öffnungszeiten Abendandacht von Okt. bis Juni jeden 2. Sonntag im Monat um 16.30 Uhr | Tipp In der Nebenstraße, der Via Vincenzo Bellini, können Sie das Haus des Architekten Alfredo Campanini bewundern, das zwischen 1904 und 1906 erbaut wurde und eines der schönsten Jugendstilhäuser Mailands ist.

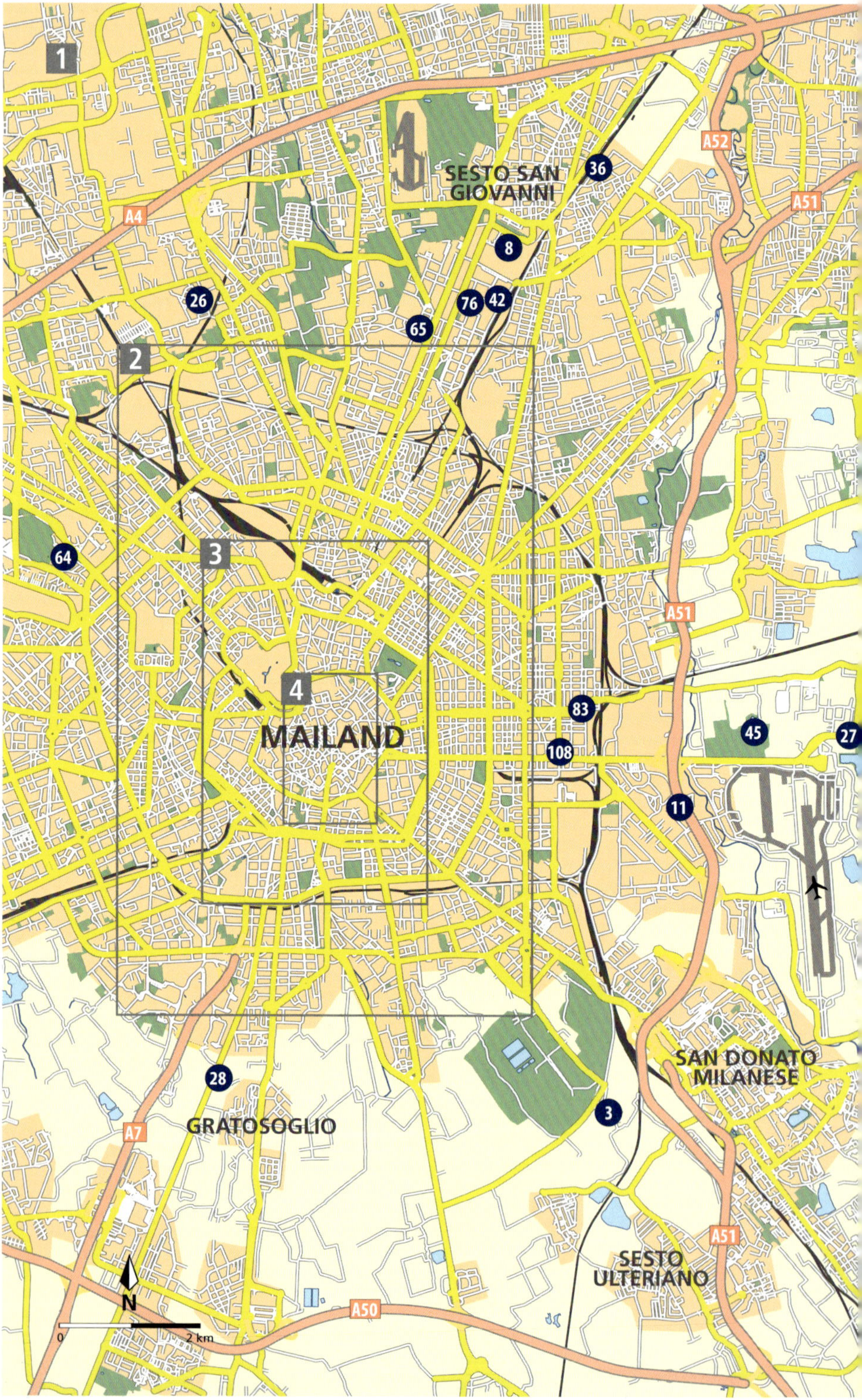

1
2
3
4
MAILAND
SESTO SAN GIOVANNI
SAN DONATO MILANESE
GRATOSOGLIO
SESTO ULTERIANO
A4
A52
A51
A7
A50
36
8
76
42
65
26
64
83
108
45
27
11
28
3
N
0
2 km

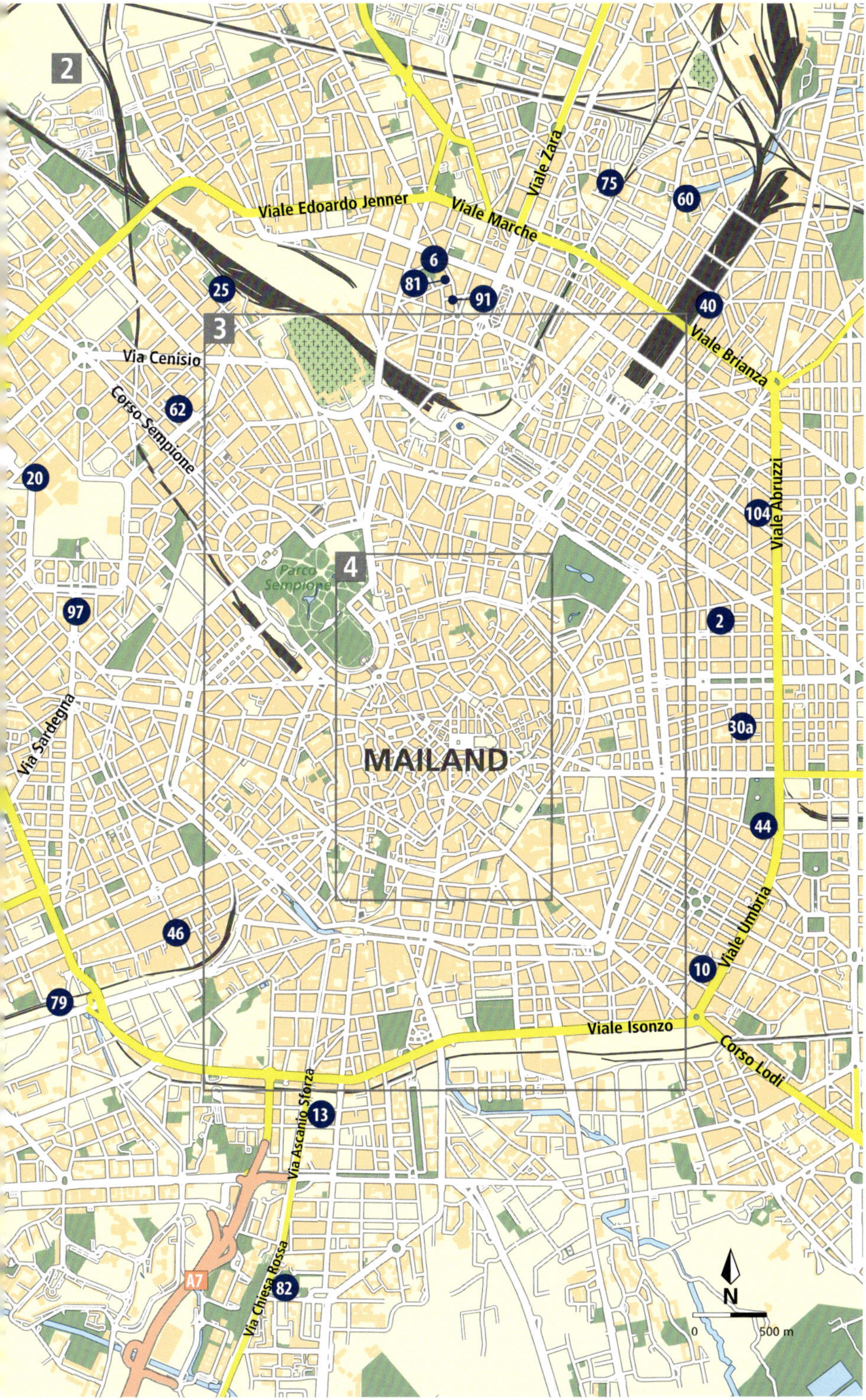
2
3
4
MAILAND
Viale Edoardo Jenner
Viale Marche
Viale Zara
Viale Brianza
Viale Abruzzi
Viale Umbria
Viale Isonzo
Corso Lodi
Via Cenisio
Corso Sempione
Via Sardegna
Parco Sempione
Via Ascanio Sforza
Via Chiesa Rossa
A7
75
60
6
81
91
25
40
62
20
104
97
2
30a
44
46
10
79
13
82
N
0
500 m

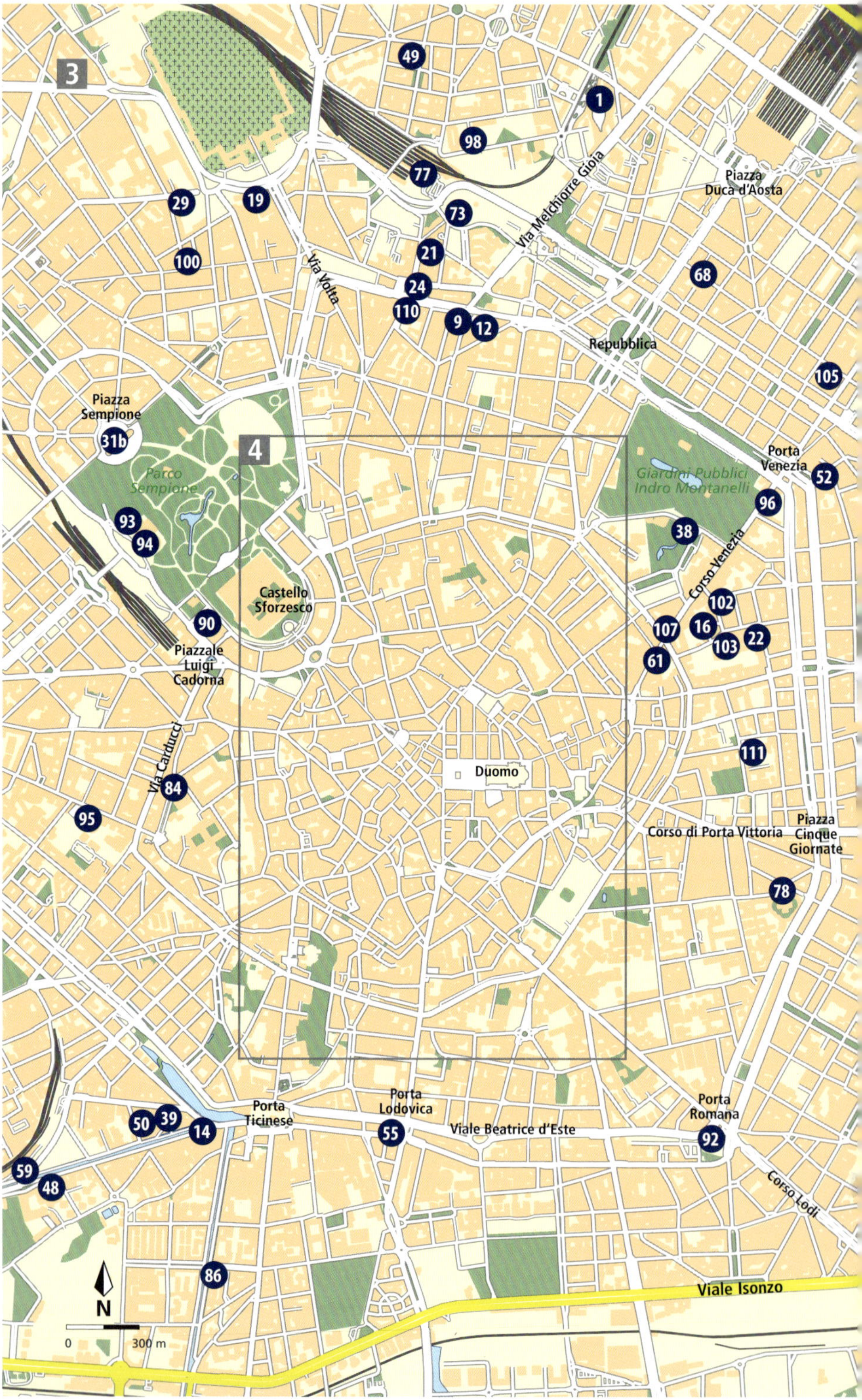
3
4
49
1
98
77
73
Via Melchiorre Gioia
Piazza Duca d'Aosta
29
19
21
100
Via Volta
24
110
9
12
68
Repubblica
105
Piazza Sempione
31b
Parco Sempione
Porta Venezia
52
Giardini Pubblici Indro Montanelli
96
93
94
38
Corso Venezia
Castello Sforzesco
102
90
107
16
103
22
Piazzale Luigi Cadorna
61
111
Via Carducci
84
Duomo
95
Corso di Porta Vittoria
Piazza Cinque Giornate
78
Porta Ticinese
Porta Lodovica
Porta Romana
50
39
14
55
Viale Beatrice d'Este
92
59
48
Corso Lodi
86
N
Viale Isonzo
0
300 m

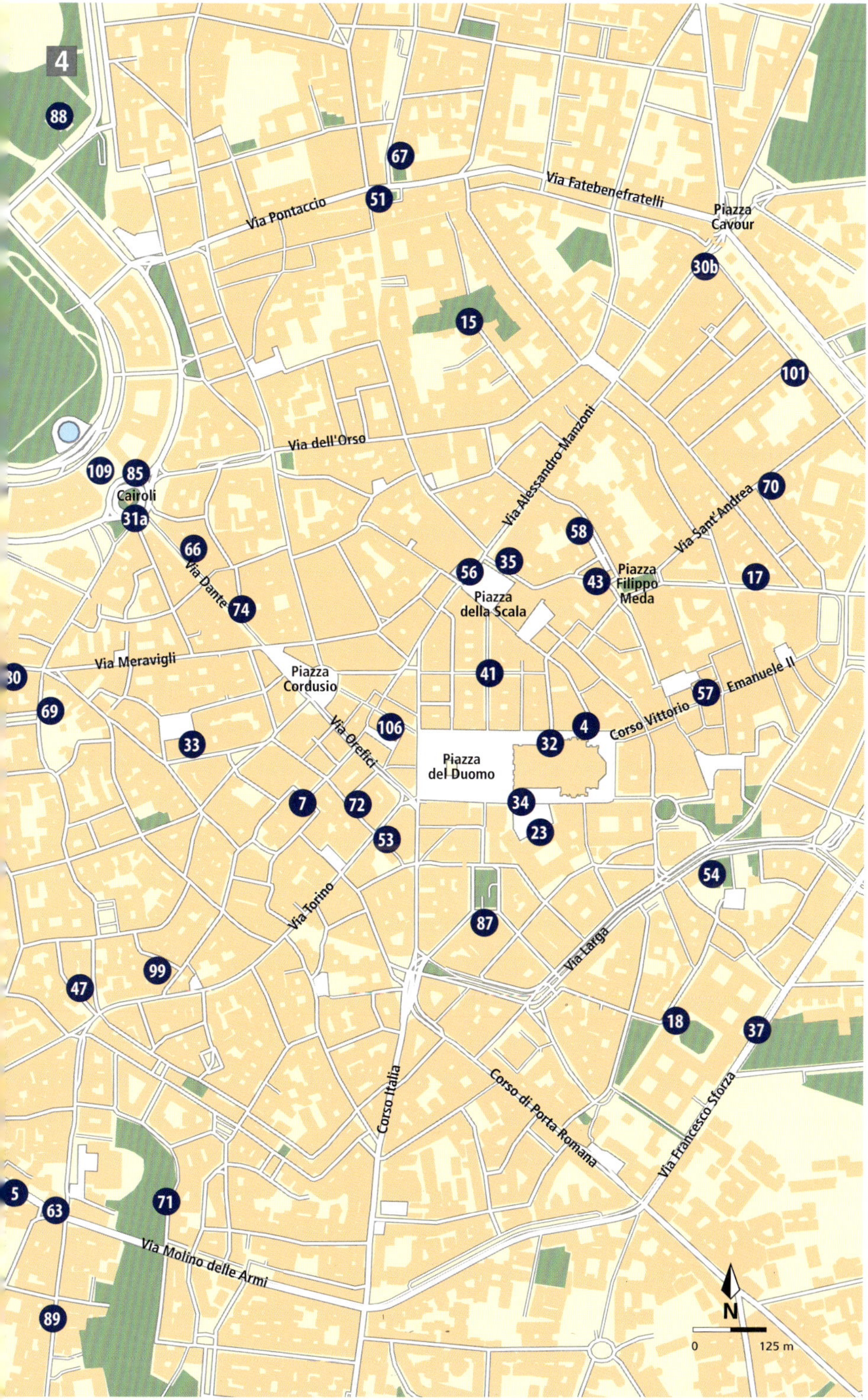
4
Via Pontaccio
Via Fatebenefratelli
Piazza Cavour
Via dell'Orso
Via Alessandro Manzoni
Via Sant'Andrea
Cairoli
Via Dante
Piazza della Scala
Piazza Filippo Meda
Via Meravigli
Piazza Cordusio
Corso Vittorio Emanuele II
Via Orefici
Piazza del Duomo
Via Torino
Via Larga
Corso Italia
Corso di Porta Romana
Via Francesco Sforza
Via Molino delle Armi
N
0
125 m
88
67
51
30b
15
101
109
85
31a
70
58
66
35
56
43
17
74
30
41
57
69
106
4
32
33
7
72
34
23
53
54
87
99
47
18
37
5
63
71
89

Rüdiger Liedtke
111 Orte auf Mallorca, die man gesehen haben muss
ISBN 978-3-89705-975-7

Susanne Thiel
111 Orte in Madrid, die man gesehen haben muss
ISBN 978-3-95451-118-1

Ralf Nestmeyer
111 Orte in der Provence, die man gesehen haben muss
ISBN 978-3-95451-094-8

Peter Eickhoff
111 Orte in Wien, die man gesehen haben muss
ISBN 978-3-89705-969-6

Stefan Spath
111 Orte in Salzburg, die man gesehen haben muss
ISBN 978-3-95451-114-3

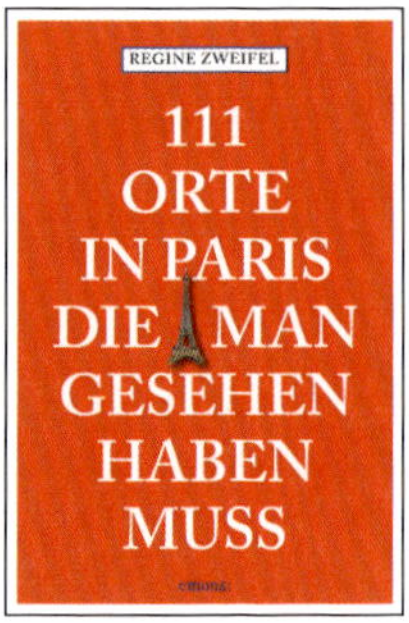

Regine Zweifel
111 Orte in Paris, die man gesehen haben muss
ISBN 978-3-89705-823-1

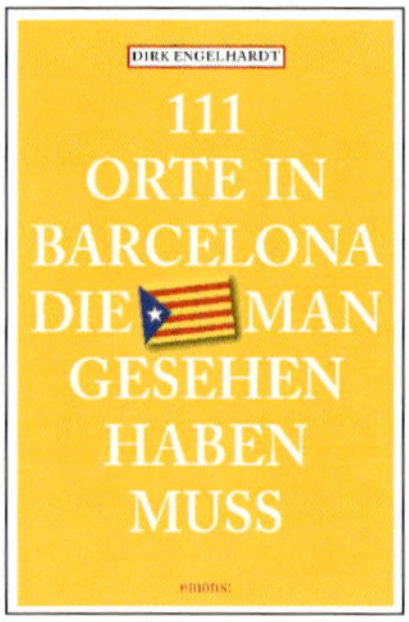

Dirk Engelhardt
111 in Barcelona, die man gesehen haben muss
ISBN 978-3-95451-066-5

John Sykes
111 Orte in London, die man gesehen haben muss
ISBN 978-3-95451-117-4

Annett Klingner
111 Orte in Rom, die man gesehen haben muss
ISBN 978-3-95451-219-5

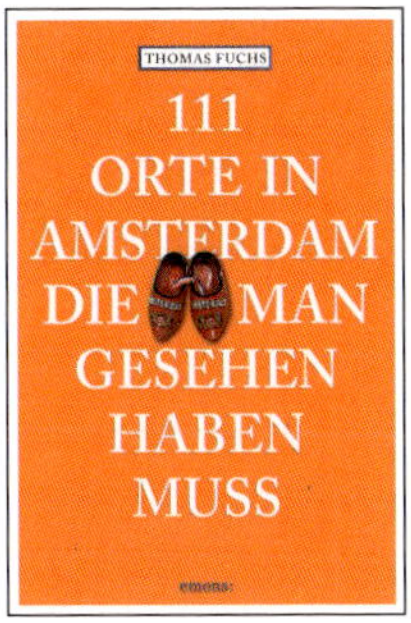

Thomas Fuchs
111 Orte in Amsterdam, die man gesehen haben muss
ISBN 978-3-95451-209-6

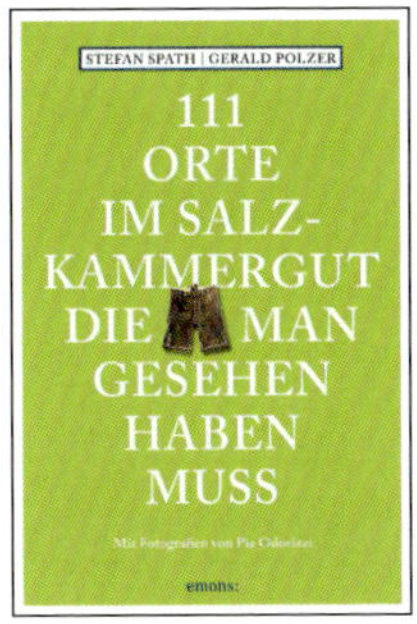

Stefan Spath, Gerald Polzer
111 Orte im Salzkammergut, die man gesehen haben muss
ISBN 978-3-95451-231-7

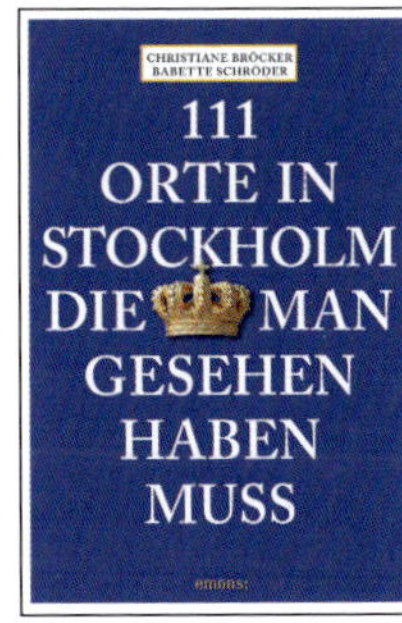

Christiane Bröcker, Babette Schröder
111 Orte in Stockholm, die man gesehen haben muss
ISBN 978-3-95451-203-4

Sabine Gruber, Peter Eickhoff
111 Orte in Südtirol, die man gesehen haben muss
ISBN 978-3-95451-318-5

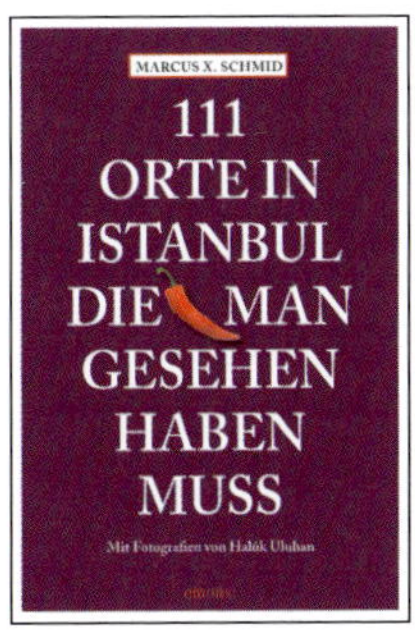

Marcus X. Schmid
111 Orte in Istanbul, die man gesehen haben muss
ISBN 978-3-95451-333-8

Gerd Wolfgang Sievers
111 Orte in Venedig, die man gesehen haben muss
ISBN 978-3-95451-352-9

Rüdiger Liedtke, Laszlo Trankovits
111 Orte in Kapstadt, die man gesehen haben muss
ISBN 978-3-95451-456-4

Eckhard Heck
111 Orte in Maastricht, die man gesehen haben muss
ISBN 978-3-95451-368-0

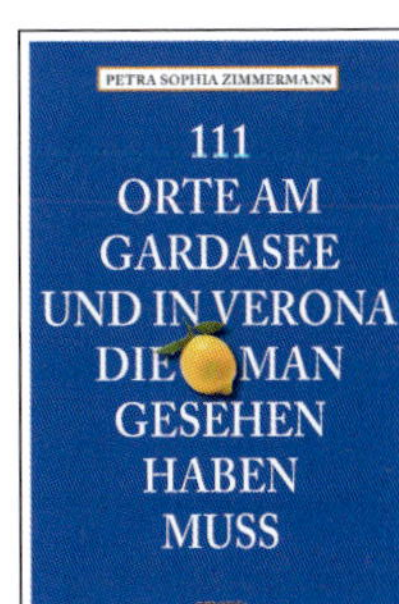

Petra Sophia Zimmermann
111 Orte am Gardasee und in Verona, die man gesehen haben muss
ISBN 978-3-95451-344-4

Lucia Jay von Seldeneck,
Carolin Huder, Verena Eidel
111 Orte in Berlin, die man gesehen haben muss
ISBN 978-3-89705-853-8

Bernd Imgrund
111 Kölner Orte, die man gesehen haben muss
Band 1
ISBN 978-3-89705-618-3

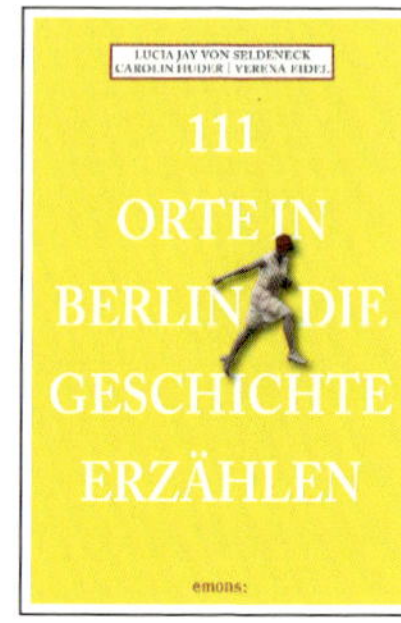

Lucia Jay von Seldeneck,
Carolin Huder, Verena Eidel
111 Orte in Berlin, die Geschichte erzählen
ISBN 978-3-95451-039-9

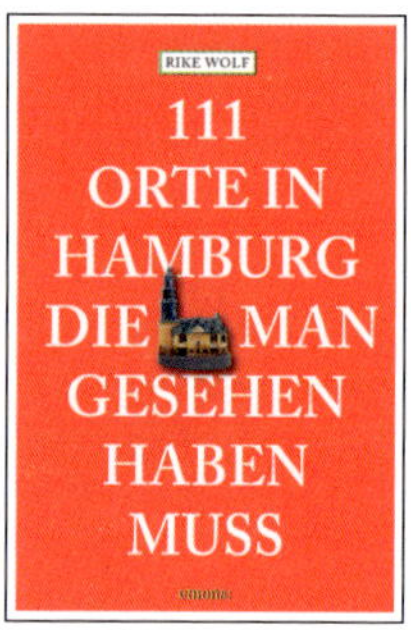

Rike Wolf
111 Orte in Hamburg, die man gesehen haben muss
ISBN 978-3-89705-916-0

Gabriele Kalmbach
111 Orte in Stuttgart, die man gesehen haben muss
ISBN 978-3-95451-004-7

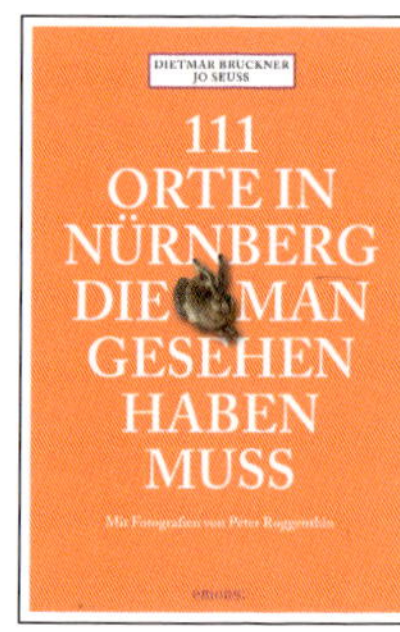

Dietmar Bruckner, Jo Seuß
111 Orte in Nürnberg, die man gesehen haben muss
ISBN 978-3-95451-042-9

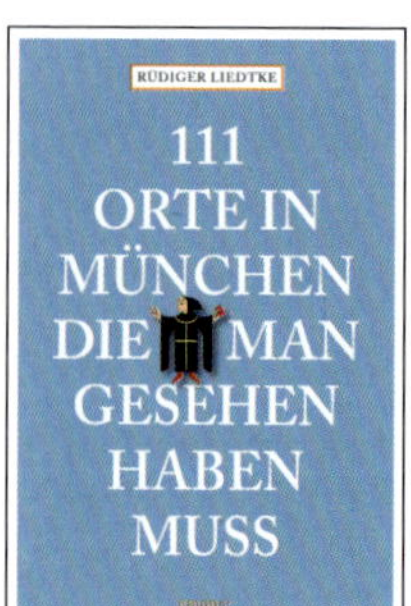

Rüdiger Liedtke
111 Orte in München, die man gesehen haben muss
ISBN 978-3-89705-892-7

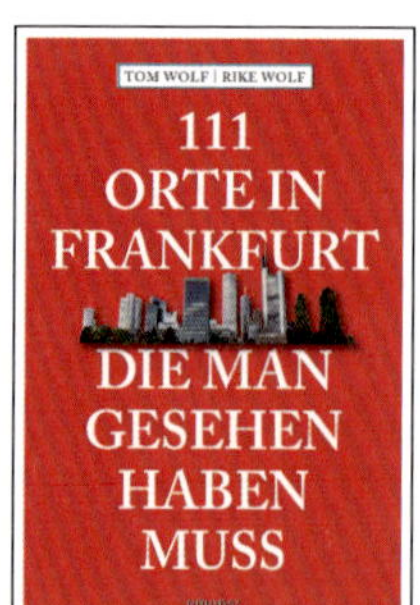

Rike Wolf, Tom Wolf
111 Orte in Frankfurt, die man gesehen haben muss
ISBN 978-3-95451-342-0

Peter Eickhoff
111 Düsseldorfer Orte, die man gesehen haben muss
ISBN 978-3-89705-699-2

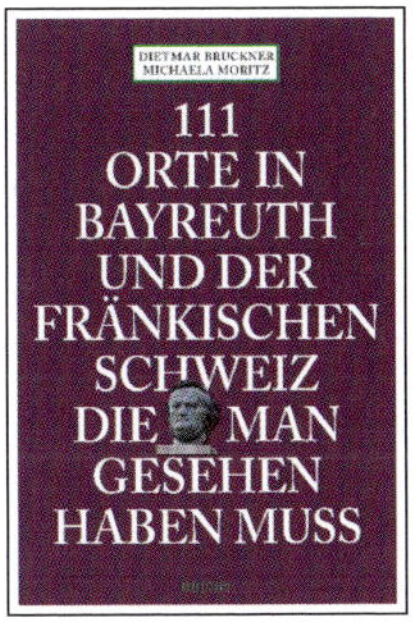

Dietmar Bruckner,
Michaela Moritz
111 Orte in Bayreuth und der Fränkischen Schweiz, die man gesehen haben muss
ISBN 978-3-95451-130-3

Alexandra und
Jobst Schlennstedt
111 Orte an der Ostseeküste, die man gesehen haben muss
ISBN 978-3-89705-824-8

Ulf Annel
111 Orte in Erfurt, die man gesehen haben muss
ISBN 978-3-95451-022-1

Werner Schwanfelder
111 Orte in Mittelfranken, die man gesehen haben muss
ISBN 978-3-95451-336-9

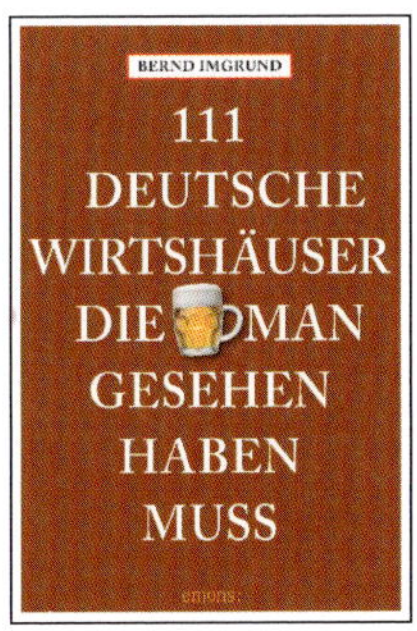

Bernd Imgrund
111 deutsche Wirtshäuser, die man gesehen haben muss
ISBN 978-3-95451-080-1

Cornelia Kuhnert
111 Orte in Hannover, die man gesehen haben muss
ISBN 978-3-95451-086-3

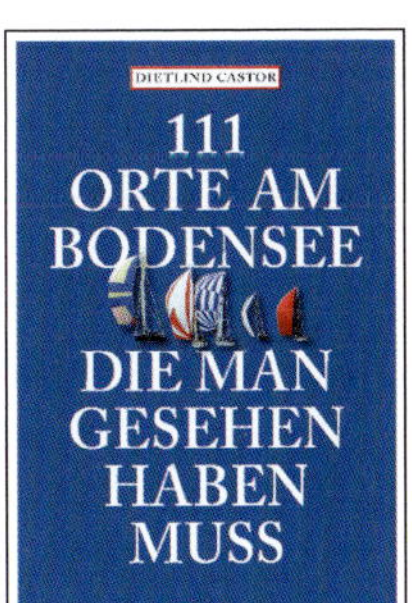

Dietlind Castor
111 Orte am Bodensee, die man gesehen haben muss
ISBN 978-3-95451-063-4

Daniela Bianca Gierok,
Ralf H. Dorweiler
111 Orte im Schwarzwald, die man gesehen haben muss
ISBN 978-3-89705-950-4

Bernd Imgrund
111 Orte in der Eifel, die man gesehen haben muss
ISBN 978-3-95451-003-0

Wir danken der Veneranda Fabbrica del Duomo, der Biblioteca Ambrosiana, der Soprintendenza ai Beni Archeologici della Regione Lombardia und der Comune di Milano, den städtischen Museen, dem Cimitero Minumentale, dem FAI-Fondo Ambiente Italiano und allen, die an der Entstehung dieses Buches beteiligt waren.

Die Autorin und der Fotograf

Giulia Castelli Gattinara, Journalistin, und **Mario Verin,** Fotograf, teilen Leben und Arbeit und spazieren gern durch die Welt. Ihre Reportagen erscheinen in den wichtigsten italienischen Zeitschriften und Zeitungen *(Geo, Bell'Italia, La Repubblica, La Stampa* und andere). Beide sind Alpinisten und haben nicht nur dadurch einen ungewöhnlichen Blick auf die Orte, die sie besuchen, von der Sahara bis hin zu Städten wie Mailand, wo sie seit 25 Jahren wohnen. Sie wurden mit internationalen Preisen ausgezeichnet.